家族のゆくえは金しだい

カウンセラー
信田さよ子
Sayoko Nobuta

春秋社

はじめに――家族のゆくえとお金

二〇一一年の東日本大震災以来、絆という言葉の使用頻度がぐんと増したようだ。もともとは家畜をつなぐための紐や拘束という意味をもっていたが、今では人と人とのつながりを象徴する言葉へと変化している。

さて、私はカウンセラーとしてさまざまな家族の問題にかかわってきたが、一般的に考えられているように、心の闇、人格、性格といったものを対象にしてきたわけではない。精神分析といわれる立場からも距離をとってきた。目の前に存在している個人の心のなかというよりも、カウンセリングが終わったらその人が帰っていく家族、生まれてからずっといっしょに暮してきた家族を対象としてきた。

多くの人たちが困ったり悩んだりしているのは、子どもの問題や、夫や妻、時には親の問題だったりする。自分のことで悩むような自己完結的な問題は、ほとんど存在しないといっていい。なかには、自己肯定感が抱けないとか、自分を愛せないといった問題の立て方によって、自分で築いた「私」という城に立てこもっている人がいる。そのような人に限って、周囲の家族がどれほど困っているかということにはひどく無頓着であったりする。

そのように「自我の王国」「私という空虚な城」に立てこもって思索をめぐらすことは自由であるが、よく聞いていけば、必ず具体的な人間関係や家族関係の問題を抱えているものである。

家族とは窓である

私は、そのような現実に生起している家族の問題こそ、何より重要であり、正面から取り組むべきだと考えてきた。いわば、家族という窓をとおして個人をとらえ、同時に社会をとらえてきたと言っていい。

家族については、いつの時代も崩壊や破綻といった言葉と共に語られてきた。振り返ってみれば、安泰であると言われたことなどなかったのではないだろうか。

私が大学生活を送った一九六〇年代末から今日まで、家族をとりまく環境は大きく変わってきた。一九八九年にベルリンの壁が破壊され、九〇年代初頭までに、ソ連や東欧の社会主義国が次々と崩壊し、日本経済のバブルも崩壊した。当時、マスメディアで騒がれた子どもから親への暴力は「家庭内暴力」と呼ばれ、いくつかの事件は、家族崩壊の兆しではないかなどと評されてきた。

しかしながら、今の日本と比べれば、当時ははるかに楽天性に満ちていたような気がする。崩壊などと口に出して言えたのは、家族は壊れることなどないだろうという安心感がどこかにあったからではないだろうか。

清水寺で毎年末に「今年の漢字」が発表される。二〇一一年には「絆」が選ばれた。震災によってあらゆるものが「破壊」され「崩壊」したからだろう。真に危機が迫っている時、私たちはたやすくそれを口に出すことはできない。むしろそれを隠し否認するような言葉を用いるものだ。私は、こんな時代が来るとは想像もしていなかった。

かじる親のすねがあればこそ

一九八〇年代末、私は多くの母親たちに会うことになった。当時流行していた市販の鎮咳剤《ちんがいざい》の依存症や、クレジットカードによる買い物依存症の問題が顕在化していたからだ。息子や娘の問題行動をなんとかやめさせようとして、彼女たちはわらをもつかむ思いでカウンセリングにやってきたのである。

息子たち、娘たちの多くは、未成年だったり、大学在学中、もしくは無職のまま一つ屋根の下で親と同居していた。「親のすね」をかじりながら、薬をやり、カードで買い物をしまくっていたのである。

依存症の本人はカウンセリングには訪れず、夫の多くは当時のテレビCMのように、「二四時間戦えますか」状態で、子どもの問題には無関心であった。友人や親戚にも世間体が悪いので相談できず、母親だけが孤立し、きりきり舞いをしていた。

かじらせる親のすねがなければ、咳止め薬を買ったり、クレジットカードで支払ったりもできなかっただろう。つまり、親の経済力がなければ、彼ら彼女たちは、薬物依存症や買い物依存症になることはできなかったのだ。裏返せば、親が一定程度の経済力をもち子どもをその恩恵にあずからせたから、依存症になったといえる。

かなり強引な解釈に思えるかもしれないが、依存症の家族に対する介入を基礎づけるのは、次のようなとらえ方である。

「依存症になることを可能にしたのは何か」

「依存症が継続しているのは何によって支えられているからなのか」

これをイネーブリング（enabling）と呼ぶ。直訳すれば「可能にする」「助長する」ことである。彼らが自由にできるお金があったから、依存症になることが可能になったのだ。親に経済力がなければ、高価な咳止め薬を一日一〇本も二〇本も飲むことはできないし、ブランドショップで洋服を三着も立て続けに買うことはできない。手持ちの金がなくても、親の口座から引き落とせると思うから、クレジットカードでジュエリーを値段も見ないで買うことができる。

親の経済力が原因と言っているわけではないが、必要条件であることは間違いない。私たち援助者は、お金を出し続ける親のことをイネーブラー（enabler）と呼び、依存症の助長者ととらえたのである。

「ないから出せない」ではなく、「あるけど出さない」

依存症の家族への介入は、イネーブラーは誰かという視点から行われる。助長している人（イネーブラー）がイネーブリングをやめれば、原理的には問題行動は止まるはずだからである。

ここから「お金」というテーマが登場する。

当時の私は、多くの母親たちにイネーブリングというキーワードを説明し、彼女たちが良かれと思って出しているお金が、実は依存症を深刻化させているということの理解を促進した。

なぜお金を出し続けるかと言えば、依存症である息子や娘たちが次のように必死に親を説得するからである。

「もうこれで最後にするよ、約束するから。だから（咳止め薬を）あと一本だけ買ってきてくれる？」

「これまで親らしいことを何もしてくれなかったじゃないか。私がこうなったのは全部あんたたち親のせいなんだ。あんたたちは、金を出すことしかできないんだよ」

懇願したり、時には脅したり、約束したり、その巧みさには舌を巻くほどだが、親の金がなければ薬を買うことも買い物もできないので、命がけであらゆる言葉を尽して、金を出させようとする。その時にもっとも親の財布のひもを緩めるのに効果があるのが、「お金を出すことが愛情」だというレトリックである。

お金を出し渋ることは、子どもへの愛情の不在につながるのではないか。このような不安を親に抱かせれば、親は愛情の証明としてお金を出し続けるだろう。それは子どもへの愛情ゆえではなく、愛情を注げなかった親としての汚名を返上したいという理由からである。そのことを子どもはよくわかっていて、さらなる親への攻撃の材料とするのだ。

九〇年代に入ってからも、依存症の家族への対応は「いかにしてお金を出さないでいるか」

という点に集約されていた。
お金を愛情という言葉で言い換えて、お金を出さないことへの不安を煽る。こういった本人からのアプローチに対し、親がお金を出し続けることが依存症を悪化させるのであり、イネーブラーをやめる必要があると考えることは、多くの親にとって一種のコペルニクス的転換である。団塊世代前後の親たちは、自分にある程度の経済力があれば、子どもに分け与えることは愛情以外の何ものでもないと考えている。親が爪に火をともすようにして育てた時代は終わり、子どもにお金の不自由をさせないことが愛情であり、未来への投資でもあると考えているからだ。

親へのアドバイスとして、お金の出し方を制限したり、一銭もお金を渡さないように徹底する時もある。ギャンブル、買い物、薬物の依存症などは、こうすることで一時的にその行動が止まることもある。しばしば親は、闇金での借金を怖れたり、子どもが万引きや窃盗に走るのではないかという不安に駆られるが、それを突破しなければイネーブラーをやめることはできないと伝え続けるのである。

ブラックボックスをあける鍵

依存症の家族を例にとったが、長年の経験から、家族にとってのキーワードは「お金」であると考えている。特に親子の場合、親の金銭観が子どもに大きな影響を与えることはもっと強調されてもいいだろう。

親にお金があるのに、どうやってお金を出さないでいられるか。これは、貧しい親が子どもにお金を必死で与えることより、はるかに困難なテーマである。

さらに近年の不況の深刻化によって、九〇年代には可能だった家族への介入が難しくなったことも挙げられる。引きこもっていた息子、娘を家から出してアパートで一人暮らしさせて自立を図るという戦略が、ほぼ不可能となったのである。親世代は年金暮らしであり、子どものアパートの家賃を出すこともできない。引きこもりの彼らも、将来を考えると、寄生している親を少しでも長生きさせなければ、収入が絶たれてしまうことがよくわかっている。

かつては親と子が別居することで避けることのできた摩擦や衝突も、年金生活の親と中年無職の子どもの組み合わせによって、いつ地雷を踏んでも不思議ではない状況が訪れている。

家族が功利的になったわけでもなく、砂漠化したわけでもない。厳然たる事実として横たわっているお金という問題を見つめ、正面からとらえる必要があると言いたいだけである。それに、家族は愛情や絆だけで変わるわけではない。今ある状態からなんとか希望の持てる方向へと変化させていくためには、お金こそが重要な役割を果たすのである。DV（ドメスティック・バイオレンス）の夫から妻が別れようとしたとき、まっさきに問題となるのがお金の問題だ。離婚裁判も、最終的には慰謝料の金額が折り合わなければ長引くばかりである。

親子、夫婦関係を良好にするためにも、今ある関係を離脱し新たな一歩を踏み出すためにも、お金ほど大きな役割を果たすものはないのだ。

とかく「家族とお金」というテーマは避けられてきた。金銭という言葉につきまとう卑しいイメージ、血も涙もないドライさは、家族と接続させるべきではないと言わんばかりに、これまで不当に遠ざけられてきたと思う。

勇気をふるって、このテーマについて、具体例とともに述べようと思っている。読者にとって、それが何らかのヒントになれば幸いだ。もちろん登場する人たちは、プライバシーに配慮して私なりに新たに構築したものであることをお断りしておく。

家族のゆくえは金しだい　目次

II　時代の鏡としての家族

家族のゆくえは金しだい

I

家族の肖像

カウンセリングの事例をもとに

母からの不穏な宅配便

玄関の入口には先ほど届いた宅配便の段ボール箱が置かれている。不気味に思えて、ユカリさんはなかなか開けることができない。

魔法が解ける瞬間

夏休みをとった夫と二歳の娘を連れて、三六歳のユカリさんはひさびさに実家にもどった。三泊するうちに激しい頭痛に襲われるようになった。正月に関西の夫の実家に泊まった時はこれほどではなかったのに。

八月になると盆地である故郷は三五度を超える日が続くので、そのせいかもしれないと夫は言ったが、でもユカリさんにはわかっていた。それが母との接触がそろそろ限界に近づいている合図なのだということが。

三年前、妊娠がわかって帰省するまでは、母の魔法はまだ解けていなかった。母に妊娠の報告をし、喜ばせたかった。証券会社の職場では産休を十分とれるので、育児をしながら第一線で働き続けるつもりだった。そんなライフコースを母も期待していると信じていた。

ひさびさの夕食の席で、ユカリさんは妊娠を告げた。手放しでよろこんでくれるはずだと思っていたのに、一瞬その場に沈黙が走った。最初に口を開いたのは父だった。「よかったじゃないか、ヒロシくんも大喜びだろ」

母はひきつったような笑顔をつくって頷いている。

昔から表情を見れば、母の考えていることは手に取るようにわかった。ユカリさんは動揺した。母は私が子どもを生んで母親になることを望んでいなかったのだろうか。これまでの人生で、母がこのような反応をするのは初めてだった。それが、魔法が解ける第一歩だった。

出産の際も、父の体調不良を理由に母は上京しなかった。夫の母がよろこんで出産後の手伝いに来てくれたが、そのころからユカリさんは精神的不調を訴えるようになった。その後実家から母が何度か来てくれたが、不思議なことに母と会うたびにさらに調子が悪くなるのだった。

育児休暇が明けても出勤できないままだったので、すっかり自信をなくしたユカリさんは会社を辞める決心をした。退社することにしたと電話で母に告げると、「それがいいわよ、ヒロシさんにこれ以上迷惑かけたくはないでしょ」と言った。まるで、仕事を辞めることを予測していたかのように、明るくすっきりとした口調だった。

家族から消えた人

幼いころから、三歳年上の兄よりずっと利発だと言われてきた。兄の読む本はユカリさんの愛読書となり、兄が暗記する九九は小学校に入る前にユカリさんが口ずさむほどだった。

実家の家系をたどれば、関ヶ原の合戦の東軍の武将にまで行き着く。父は役所勤めのかたわらいくつかの団体の代表も兼務しており、いわばその地方の名士だった。兄は生まれながらにして長男としての期待をかけられ、母はそのとおりに兄を育てなければと必死だった。しかし兄は、両親の期待をことごとく裏切り、いっぽうで妹であるユカリさんは、学校の成績も、水泳も、バスケットボールもすべて優秀な成果を収めた。

兄は小学校六年生くらいから登校を渋り始め、何度も手を洗う強迫行為がひどくなり、母に対して暴言を浴びせるようになった。誰にも言わなかったが、兄からユカリさんへの執拗ないじめや暴力は、小学校に入るころから始まっていた。新しく買ってもらった消しゴムやノートがいつのまにか捨てられ、自宅の蔵の入口で待ち伏せていた兄に殴られる。それらは決して母が気づかないよう巧妙に仕組まれていた。ユカリさんがそれを母に訴えなかったのは、母から父に伝われば兄への激しい折檻になってしまうし、そうすれば、数倍陰湿な暴力となって自分に戻ってくることがわかっていたからだ。

母の期待の対象は、ある日突然切り替わった。

「中学受験のために○○塾に通うんでしょ?」

いつもこうやって質問形を用いることで、母はイエスという回答を導き出す。自分の意志どおりにユカリさんを動かすそんな質問形が、日常的だったということに改めて思い至ったのは、ユカリさんが出産してからだった。「あんなお菓子欲しくないでしょ?」「近所の高校になんか行きたくないわよね」「ママがこんなに一生懸命努力しているのがわからないわけじゃないわよね」……

こうしてユカリさんは中高一貫の、東京の私立大学付属女子高に合格し、母の実家から通うことになった。祖父母はまだ元気で、孫のために尽力してくれた。

ユカリさんの進学は地元名士のあいだでひそかな評判を呼び、父も母もさすがだと評価を高めた。その人たちは同時に、声をひそめるようにして、長男と入れ替わったらよかったのにと噂した。その後兄は通信教育を受けて、沖縄の大学に進んだ。

ある時から、両親は兄の消息を語らなくなり、ユカリさんも親に尋ねなくなった。ユカリさんの結婚式にも出席しなかったので、夫の家族は兄が留学中だと信じきっている。

兄への殺意

ユカリさんは小学生のころ、兄が消えてくれたらどれほどいいだろう、兄を殺害するにはどうすればいいのかと思いをめぐらせて眠れなかったこともあった。身体の大きさが違うから、殴ったり首を絞めたりするわけにはいかない。毒殺するための薬もない。天気のいい日に山に出かけて崖から突き落とせばいいだろうか。人目につかずにやりおおせるにはどうすればいいのか。理科の実験室で薬剤を探したり、ひもや斧から目が離せなかったこともある。

抱え込むには大きすぎる殺人計画に押しつぶされそうだった少女時代のことは、すっかりユカリさんの記憶から消去されていた。子どもを抱いて実家に戻り、もうすぐ壊すことになる蔵を見ておこうと扉に手を掛けた瞬間、不意にそのことを思い出したのだ。

ユカリさんが進学してから、兄と両親のあいだに繰り広げられただろうドラマを想像すると、殺人事件が起きるか、兄が精神科病院に入るか、それとも自殺をするか、どれが起きても不思議ではなかった。だから、遠く離れた南の地で、故郷の盆地とのつながりを限りなく細い糸だけに限定して生きている兄のことを、今では、ユカリさんは心のなかで尊敬している。

笑顔に込められた毒

実家を訪ねたユカリさんを駅まで送る車のなかで、母は言った。

「このまま仕事にもどれないなんて、そんなみじめな生活いやでしょ」

「ユカリに専業主婦がつとまるはずはないわよね、ママとは違うんだから」

夫と二人でさりげなく笑ってやり過ごした会話を、戻りの新幹線のなかで反芻《はんすう》しながら、ユカリさんはその言葉に込められた毒が、徐々に浸透してくるのを感じた。あの時の母の横顔は、笑みを浮かべていた。

件の母からの宅配便が届いたのは、帰宅した翌日だった。配達時間帯は必ずお昼の十二時から午後二時の間と決まっている。箱の色、模様を見ると、どんどん気分が沈んでいく。冷蔵庫から冷えた缶ビールを取り出し、一口飲んで勢いをつけて箱を開けた。

母からの宅配便は、中学生のころは、毎回膨大な量の生理用品だった。大学生になると、純白のブラジャーと下着がいくつも入っていた。ユカリさんのサイズとはほど遠い中学生が身に着けるような細身のものだったので、毎回こっそり捨てなければならなかった。友人にそのことを話したらぎょっとされた。その時初めて、よその母親は、下着や生理用品を送ってこないということを知った。

出さなかった母への手紙

うつ状態を経験し、退職後、カウンセリングに通うことで、ユカリさんは母のことがはっきりとわかるようになった。

何度も自分の生育歴を振り返り、それを文章化し、母への手紙も書いてみた。決して理解されないことがわかっているので、実際に投函することはなかったが。

「あなたは、私が兄に代わる優等生として生き続けることを望んでいたのです。それは私にとっても誇らしいことでしたし、あなたがわがことのように支援し応援してくれることは何よりの力になりました。中学、高校、大学進学、そして就職も、すべてあなたの期待どおりでした。兄があなたの『失敗作』だったぶん、どこかで私はそうしなければならないと思っていたのです」

「私の成功によって、父に対して、親戚に対しても、あなたは十分に申し開きができたはずです。ところが、残念ながら私は娘でした。結婚もしました。そこまではあなたは許せたのでしょう。エリート社員と社内結婚したことは、いちおう期待の範囲内でした。ところが出産は、想定外だったのではありませんか。あなたは認められなかったのです。兄の代理だった私が、あなたと同じように母親になるということが」

「娘が出産をすれば、自分と同じ土俵に立ってしまう、そう思ったのですね。さんざん投資をして人もうらやむ人生航路を用意してやったのだから、娘は母になってはならない。あなたは母になり子育てをし、地方都市の名士の妻として成功した。専業主婦として生き抜いたというプライドに賭けても、娘が仕事も子どもも、そして夫との幸せな家庭も得ることは許せなかったのです。自分の土俵に私が入りこむことで、敗北してしまうことを恐れたのです」

封筒のなかの一万円札

箱の荷物を出すと、一番底に封筒が入っている。茶封筒ではなく、銀座の鳩居堂のものである。封を開けると、一万円札が数枚入っていた。手が切れるような、手あかのついていない新札である。それを数える気力もなく、ユカリさんは目をつむった。お金は何より雄弁に母の意志をものがたっていた。

「仕事に復帰できないままなんだから、専業主婦として生きていくしかないでしょ。楽じゃないけど、ママがここまで歩んできた道をついてくればいいのよ。お金、好きに使ってちょうだい。結局あなた一人では幸せになれないのよ。ずっとママが必要だったんだから」

生活の隅々にまで浸透し、じわじわと影響を与えるのにお金ほど効果的なものはない。自分が与えた数枚の一万円札によって、娘の生活を支配できる。故郷の盆地でそんな勝利感に浸っている母親の顔が、ユカリさんのまぶたに浮かんだ。

兵糧攻めとアディクション

アディクション（嗜癖）という言葉は依存症とほぼ同じ意味であるが、いまや多くの人に共有されるようになっている。なかでもわかりやすいのがアルコール依存症である。一九七〇年代から四〇年近くアルコール依存症の本人やその家族への援助を行ってきたが、家族の対応として中心になるのが不必要な世話をしないことである。世話というとかいがいしく面倒を見ることを想像するかもしれないが、多くは金銭的援助のことを指している。

アディクションの対象はいろいろあるが、アルコールや薬物はそれを手に入れるのにお金がかかる。酒や薬を仕事もしないで摂取し続けられるのは、直接的間接的に、誰かが金銭を援助し続けているからだ。したがって、それをやめさせるのに一番手軽なのがお金を与えないことである、と考えても不思議ではない。実際に、金銭を与えないようにすることで酒や薬を断たせるという方針の援助者は少なくない。しかしそれがすんなり実行できるわけではない。本人たちも、金銭を出させるためにさまざまな脅しをかけたりする。脅しで済まないときは、自殺をほのめかしたりして生命の危機につながることもある。時には財布からお札を抜き取ったり、万引きしたり、消費者金融から借金をして多重債務問題につながったりする場合もあるので、そのような「兵糧攻め」が必ずしも効果をあげるわけではない。

とはいうものの、夫婦の場合にはこのような金銭の授受を比較的ドライに操作できるので、断酒や断薬につながる例は多い。ところが親子関係の場合はもっと様相が複雑になる。摂食障害をアディクションのひとつとしてとらえることに異論を唱える専門家も多いが、家族との関係や回復のプロセスから、アディクションとして対応することは実に有効だと考えている。ここで一人の女性を例にとって、くわしく述べることにしよう。

突き上げる衝動

テレビのニュースで、今日もまた猛暑日の連続記録を更新しそうだとアナウンサーが伝えている。二階の自室にはクーラーがついていないが、二三歳のレイさんにはいっこうに暑いという感覚がなかった。一一時に目覚めると、母はもうヘルパーの仕事に出かけていなかった。父親はいつもどおり、電車で四五分かかる会社に出勤している。

今朝がた四時まで過食と嘔吐を繰り返した残骸が、台所のシンクに山積みになっている。よく覚えていないが、パスタを炒めたフライパンや、ちゃんぽん麺をゆでた鍋や丼が重なっている。母はどうして洗っておいてくれないんだろう。「自分たちの食べた食器だけ洗って、私が使った食器はそのままにしておくなんていじめだ」。レイさんはつぶやいた。腹立たしくなったけれど汚れた食器を床に投げつけて割る元気もなく、今日一日ふたたび生きていかなければならないと思うとうんざりした。時間の流れを感じたくもなかった。

それでも何とか食器を洗おうとしたら、足元から突き上げるような衝動を感じて手が止まった。

「食べたい、食べたい、何でもいいから食べたい!!」

レイさんは、迷わず冷蔵庫を開けた。これまで何度も冷蔵庫空っぽ事件に遭遇している母親は、買いだめすることはやめている。最低限の食品しか入っていない大型冷蔵庫の内部は、ガランとして白く輝いているが、それでもチーズ、かまぼこ、昨晩の煮物の残りが目に入った。手当たりしだいに、箸も使わず、それらを全部口に入れる。どれくらい経ったのかわからないが、ひたすら食べ続けた。胃のなかにずんずんと食べ物が折り重なり満たされていく感覚は、脳のはたらきを止め、時の流れも止めた。

自分の輪郭すらも消失していくなかで、レイさんはいっとき安らいだ感じがしたが、それが一瞬で終わることが怖くて、もっともっと食べたくなった。気がつけば冷蔵庫は空っぽになっている。それらが呼び水になったように、もっと食べ物を口に入れたくて、わなわなと手が震えはじめる。

母親を苦しめることで生きる

入浴後に母親が居間でくつろいでいるのを見はからったかのように、レイさんは二階の自室から降りてくる。

「もう死んだほうがましだ、大学に行ったってどうせこんなみじめな生活は変わらないんだよ」

「こんな娘を生んで後悔してるんでしょ、正直に答えたらどうなんだ」

「近所の人たちだってみんな噂してるに決まってる。あの娘、狂ったんじゃないかって言ってるに違いない。一軒ずつまわって確かめて来い」

「私が死んだらほっとするんでしょ、口先だけで『命を大事にしなさい』って言ったって、だまされるもんか。ウソばっかじゃないの」

「だいたいあんな男となんで結婚したんだよ、あいつを親なんて思ったことなんかないよ。家族でもないし、人間だと思ったこともないよ。最低な男だとわかってるくせに離婚ひとつできずにいっしょに寝やがって、汚いんだよ」

母親が何か言おうとするが、レイさんは聞いてなんかいない。追い詰められて苦しそうな顔をするのを見るまで、攻撃を止めることはできない。母は苦しまなければならないという思いはふくらむいっぽうなのだ。

レイさんだけではない。このような子どもは親への攻撃を二時間あまりも延々と続けることがある。本人も疲れてくるが、母親は本当に疲労困憊してしまう。

「食べてゲロ吐いてる生活なんてやめたいに決まってるじゃない、誰が好きでこんなみじめな生活してると思ってんだよ」

「なんで私がこんな姿にならなきゃならないの？　どうしてなの？　答えろよ」

思い余って母親が反論しかけると、かえって火に油を注ぐことになりかねない。

「生意気言うんじゃないよ、お前に母親の資格があるのか」

こう言いながら、食器を割ったり、台所で包丁を取り出し手首を切ろうとする。時には「死んでやる」と叫んでマンションのベランダによじのぼったり、実際に二階から飛び降りることもある。

「今まで生きてきてよかったって思ったことなんか一回もないんだよ、ずっと死にたかったたんだよ。そのことわかってるのか、わかってて私に愚痴を聞かせたのか」

「お前が生まなきゃよかったんだよ、あんたのせいだね、すべて」

「こうなった責任をとってくれよ、精神科なんかに連れていって薬飲ませたのはあんただろ。精神病扱いしたんだからね」

「人生をめちゃくちゃにされた責任をとってもらいましょう、賠償金をはらってもらいましょう！」

「いくらあるんだよ、財布に万札入ってないのか？　出せよ」

「預金通帳見せてみな、印鑑はどこにあるんだ」

追い詰められた母親は、最後にお金を払うことで娘から解放される。

娘を見ない父

大学を一年で休学・中退したレイさんは、いくつかのアルバイトを経験したが、いつも始めてすぐに中断してしまう。時々ネットでアルバイトを見つけて履歴書を書こうとするが、学歴の欄を前にすると文字が書けなくなってしまうのだ。

父親はそんな娘に対して「甘えている」としか言わなかった。レイさんの攻撃が自分に向けられないのをいいことに、ずっと家庭の惨状をないものとしてきた。帰宅後の父親は、レイさんをいないものとして扱い、たとえ目の前にいても彼女を見ようともしなかった。妻が長時間娘から責められていても、自分の寝室で高いびきをかき、朝になると定刻に会社に行く生活を変えることはない。一歩外に出るとそつのない応対ができるので、「仕事もできるし、おもしろい人」と評判はよかった。誰も家庭の内情を想像できないほど、その乖離《かいり》は大きかった。

父の信条は「働かざる者、食うべからず」だ。大学卒業までは許すが、それ以後は自分で食べていけと幼いころから言い聞かせてきたのに、それを守れなかった娘は意志が弱いのだ。そうなったのも妻が甘やかしたからだ。だから娘には一銭もお金を渡さないほうがいい、現実の社会の厳しさを知らしめなければならない。

それ以外の発想は彼の世界からは生まれようもなかった。自分の家族に起きているのは、不可解で無意味なことばかりであり、この世には飢える人がいるのに、食べて吐くなどあってはならないことだった。だから何も見えなかったし見ようとしなかった。

愛情を求められて金を出す

夫から責任を転嫁された母親は、そのことを腹立たしく思いながらも、自分がヘルパーで得たお金を全部レイさんのために使った。夫が見捨てるなら母親である自分が最後まで面倒を見るしかない、という思いも強かった。娘からの攻撃は日常的な光景だったが、レイさんの母親は、時には解放されたい一心で、時には娘への施しのようにしてお金を出してきた。逃げようとしたこともあったが、遮られて暴力をふるわれたこともあり、その後はあきらめて何時間もレイさんの言いなりになった。

三年前、レイさんを連れて受診した精神科医から、娘からの攻撃を「すべて受け止めてあげてください」と指示されたことも大きく影響している。幼いころに愛着関係が形成されていないのだから、娘の要求を受け止めてあげる必要があるという彼の説明をずっと信奉してきた。レイさんの母親は、娘が責めるのは愛情を求めているからだと考えるようにしてきたのである。

しかし、実際に求められるのは、お金だった。引きこもり気味になってからは、洋服が足りないから外出できない、四〇〇〇円あればワンピースを買いに外出すると言われて、レイさんにお金をわたしたら、全額コンビニのお菓子に消えてしまった。ある朝珍しく早く起きてきたレイさんが新聞の切り抜きを見せて、この専門学校に通えば資格がとれる、大学よりずっとやりがいがありそうだ、と言うので受験料や資料代を出したが、結果は過食がもっとひどくなるだけだった。

かすかな期待ゆえに、毎回お金を出しつづけた。娘の将来のためのお金だったはずなのに、レイさんの過食のための食品代にすべては費やされることになった。

精神科医を受診させられたことを、繰り返しレイさんは指摘し、人生を台無しにされたと主張した。親への攻撃が長年続くと、その内容は定型化していく。先に述べたように、レイさんの言葉は最終的にはいつも過去の同じ体験へと帰着する。

親に反省させるために子どもが金銭を要求することは珍しくない。実際に賠償金を請求され、子ども名義の口座に親が数百万振り込む例もいくつか経験している。過去の反省の証明としてお金を与えるのである。まるで娘の人生の累積赤字を補塡するために、そうしているようにも思える。

お金を出しているのは、その多くが父親ではなく母親である。母親たちは自分の貯金を切り崩してお金を捻出するが、大金の場合は夫を説き伏せる。娘と同じように「お金を出さないとあの娘は何をするかわからない」と脅すことによってである。

そして摂食障害はつづく

夫婦のあいだの金銭関係をドライと表現したが、親子関係においてはレイさんのように、金銭と愛情がまるで紐のようによじれて絡まっていることが多い。

レイさんにとって母親を責めることは、たしかに精神科医が言ったように「愛情確認」であり、愛着関係の再形成だったかもしれない。しかし現実的には「過食をしたい」「食べ物を口にしたい」ために、お金が必要だったのだ。母親に対して、「あなたがお金をくれないことは愛情を与えないことなのだ」と伝えれば、必ずお金は与えられるという確信がレイさんにはあった。なぜなら、母親にとって「愛情」という言葉はアキレス腱だったからだ。

夫から過保護だ、甘やかしだと責められているぶんだけ、母親として十全な対応をしていることを示さなければならなかった。無責任で経済力以外何もとりえのない夫に対抗するためには、母として愛情を注いでいるという信念が揺らいではならなかったのである。

父親への対抗心と恨みに裏打ちされた、愛情に満ちた母であらねばならないという強迫的ともいえる意志は、いっぽうで弱点にもなりうるということをレイさんは見抜いていた。

母を責め娘を一刀両断する父、その父に対抗するために愛情を注ごうとする母、愛情とは金を出すことだというフォーマットを巧みに駆使する娘。この三者の織り成すドラマにおいて、なけなしの母親のお金は、日々のレイさんの過食代に消えていくことになる。こうしてレイさんの摂食障害は、しばらくのあいだつづくことになるのである。

愛情という言葉を撤去する

レイさんの母親がカウンセリングに訪れたら、何を最初にする必要があるだろう。マジックワードとしてずっと使われてきた「愛情」という言葉を括弧に入れてみたらどうかと、私なら考える。三年前に精神科医に植え付けられたこの言葉から、いったん母親を解放する必要があるだろう。

では、レイさんはそれをどう受け止めるだろう。対応を変えようと試みる際に、母親がしばしば経験するのは、娘からの激しい抵抗である。これまでお金を出してきたのに、どうして出さないのだ、理由を言え、と責められるのは十分予測がつく。もちろん、なぜ対応を変化させたかについて、ちゃんと説明しなければならない。その場合、母親がどう伝えるかについて、カウンセリングでは具体的にアドバイスすることをいとわない。

実は、金銭という名を借りて愛情を求め続けていること、愛情を求めているはずなのにそれを踏みにじって金銭を求めていること、金銭が結果的には過食嘔吐の「延命」につながっていること、これらすべてをレイさん本人も気づいているのだ。

このような悪循環が続く限り、過食嘔吐に支配された生活は変わらないだろう。でもそれ以外の生き方は見当もつかないので、レイさんは今の生活の轍《わだち》から離れることが怖いのだ。

僕はパスタのゆで方に命を懸ける

自転車を降りてから、マンションの五階の部屋に戻るために階段をのぼった。エレベーターは避けることにしている。誰が乗り込んでくるかわからないからだ。たとえ同乗者がいなくても、いつのまにか監視カメラが設置されるようになってからはもっと怖くなった。世のなかの人間は、僕のことなんか居なくてもいい存在だと思っているに違いない。いつか抹殺されるかもしれないのだ。だから人の目に触れないようにしなければならない。もう一年以上電車には乗っていない。

四二歳のタカシさんは髪を刈り上げている。理容室に行かなくても済むように、自分で電動バリカンを使っている。髪を短くしていれば、毛が薄くなったり白髪になってもわからないだろう。それも理由だ。

午前六時少し前に眠り、お昼すぎに起きるのが日課だ。時々コンビニへ行き、気が向いたら深夜の荒川堤防をサイクリングする。それが唯一の運動だ。生活圏は、ほぼこれにつきる。例外は年に二回開催されるコミケだ。その時だけは、寝すごさないために前夜眠らないようにして、早朝に有明まで出かけていく。片道一時間半の満員電車を、決死の思いで揺られていく。

怒りのスイッチ

もうすぐお正月だ。二〇代が終わる時にはこのままでいいのかとさすがに焦ったが、今では年齢のことは気にしないようにしている。必死に考えないようにしている。驚くほど月日が早く過ぎていくようになった。一日はおそろしく長いが、一年はおそろしく早い。

タカシさんは、目覚めてからの数時間はその日の夕食の献立を考えることにしている。母親が駅前のクリニックの受付の仕事から戻ってくるのが五時だ。それから二人で食事をいっしょに作る。タカシさんはおいしい食事を作ることに入れあげている。なかでもパスタの出来には命を懸けているといってもいい。

時計をながめながら、母親の帰りを待っている。一分でも遅くなってはならない。帰宅後の母親をすぐにキッチンに立たせ、タカシさんの言うとおりにパスタソースを作らせるのだ。何度も教えているのに、母親はなかなか覚えない。味覚が麻痺しているのではないかと思うほどだ。

　パスタのゆで時間はタカシさんがタイマーで測ることにしている。一秒でも遅れると、あの歯触りは失われてしまう。しかし母親は本当に不器用で、二秒もよけいに茹でてしまった。タカシさんは許せずに怒鳴る。

「何をやってるんだ。どれだけ教えたらわかるんだ！」

　母はびくっとして手を止める。タカシさんの顔を一瞬眺めたが、その顔はどこかのんびりしたものにも思えた。今夜の夕食はこれで台無しだ。せっかくここまで準備してサラダの具材までそろえておいたのに、何を考えているのだろう。何百回と繰り返してきた説教をもう一度言わせようというのだろうか。母の過ちを懇切丁寧に説明してやらなければならないのだろうか。この人はいったい聞く耳を持っているのだろうか。徒労感に襲われながらも、タカシさんは怒りのスイッチが入るのを感じた。

　一人息子である自分がこうなったことを母はどう思っているのだろう。苦しんでいるのだろうか。母の実家が代々信仰している宗教がこの人の救いになっているのだろうか。丸々としてのんびりした顔を見ると、自分が母親似であったらどれくらい楽だっただろうと思う。生きることも、人と交わることも、これほどまでに苦しむことはなかっただろう。どうしてあの楽天性と鈍感さを受け継がなかったんだろう。そう思うと無性に母がうらやましく、どうしてこんな自分を生んだのかと腹が立ってくる。

ジーパンの裾をロールアップする父

父親はもう四年も単身赴任のままだ。月一回しか戻らないが、こんな息子を見るのがいやなのはありありとわかる。そして息子のまなざしを恐れていることも手に取るように伝わってくる。月一回、客のように帰宅して、生活費を稼いでいるという特権だけにすがって父親面《ちちおやづら》している情けない男。それでいてあの服装はなんだろう。

もともと小太りだったのに、ますますおなかが出てきている。それなのに、ちょいワル親父風の服装なのだ。ビンテージもののジーパンの裾をロールアップし、スニーカーを履いている。自分だってできないようなあの衣服の選択に、心底むかついてしまう。もっと許せないのは、タカシさんと身長が同じだということだ。いずれ父のように頭がはげてしまうのではないかと思うと怖くてたまらない。このところ少しふとってきたような気がする。父親の姿と自分が重なり、いたたまれなくなる。

これまで三度父とは対決した。父はどう思っているかわからないが、タカシさんは父を論破したと思っている。自分の論理的説明に何一つ反駁《はんばく》することもできず、最後は「世間は許さないぞ」「自分の食べる分くらい自分で稼ぐのは常識だろう」「男として生まれて恥ずかしくないのか」という決まり文句で逃げてしまった。

こんな人生を送りたくて送っているはずがないだろう。それに自分が息子の人生のモデルになっていると思う無神経さに呆れかえる。ふた言目には妻子を養ってきたと威張るが、あの時代だったからこそ、すべてにおいて三流の男でも就職して結婚できたのだ。高度成長期という奇跡のような時代にたまたま巡り合っただけなのに、大きな顔をして息子に威厳を示そうなんて、本当に反吐《へど》が出そうだ。だからもう父親とは話さない。とことん理論的に追い込める自信はあるが、一歩間違うと台所でいつもピカピカに研いでいる包丁を持ち出しそうになるので、ぐっと我慢している。あんな男を殺して刑務所に入ることになれば、自分が損してしまう。

タカシさんはこうして、すべての攻撃の刃を母親に向けるようになった。

母親改造

タカシさんの一日は、洗濯物の取り込みとアイロンかけ、買い溜めたコミックを読むこと、それに母親が自分を理解できるように人格改造するための試みで終わる。母親だけは自分を理解するべきだと思っているからだ。

あんな男と結婚して、まったく破綻した夫婦関係を改善しようともせずにのうのうと生きてきた無神経な女。だけど自分を生んだのは母だ。だからこうなってしまった「原因」を除去する責任は母にある。

タカシさんは大学を中退してから二〇年以上かけて、なぜこんな顔になってしまったのか、なぜアルバイトを始めても三日でだめになるのか、なぜ一度も女性とつきあうことが出来ないのか、を考え抜いた。その原因をつくった張本人は母親であること、それなのに出来損ないの人間になってしまった苦しみを理解しようともせず、時々鼻歌を口ずさんでいるのがあの女なのだ。でもあきらめない。絶対に。

母親の生活をすべて監視し、朝から夜までのスケジュールを把握している。もちろんタカシさんは家事を分担している。洗濯機をまわし、洗濯物を干し、掃除機もかける。スーパーの買い物は大勢の視線にさらされるに決まっているから、母親にメモを書いてわたすようにしている。

料理本はネット通販で購入し、書かれているとおりに調理した。なかでも一番のお気に入りがパスタだった。火加減、ゆで時間の微妙さは、日本料理よりもはるかに繊細に思えた。母親の大雑把さが一番表れる料理でもあった。パスタをめぐって蘊蓄《うんちく》と指導を始めれば延々三時間はかかる。

一本の針のような言葉

母親を改造するために、何度もカウンセリングに行くように命令した。何冊か本を読み、自分の望むように母親を変えてくれそうなカウンセラーを選び、何か所かに通わせた。カウンセラーの多くはタカシさんもカウンセリングにやってくるようにと勧めた。あの母親がどれほど鈍感でどれほど無神経か、それが変わらない限り自分の未来はないということを説明するために、数人のカウンセラーと会ったりもした。しかしどれもこれも、タカシさんを理解するどころか母親の味方をするのだ。腹を立てたタカシさんは、カウンセラーを大声で怒鳴り、出入り禁止になってしまったことが何度もある。タカシさんは、今ではカウンセラーというものを信じてはいない。

でも、そのうちのひとりが言った言葉が、自分の胸に一本の針のように鋭く突き刺さっている。その瞬間はぐっと衝撃を覚えたし、たしかに今でも刺さったままなのだけれど、そのこと自体を感じないようにしている。パスタのゆで具合にすべての神経を集中していれば、ほかのことはどうでもよくなるのだ。

そのカウンセラーはこう言った。

「タカシさんは不安なんですね、いつかお母さんのほうが先に亡くなってしまうことが」

解けない公式

毎日の生活は規則的に過ぎていく。いつのまにかタカシさんも四〇歳を超えた。母親は白髪が増えた。パートに出かけていく後姿を見るたびにどうしようもない焦りを感じる。あんな年寄でもお金を稼ぐことができるのに、一銭も収入を得ることができないのが自分だ。あの父親はおそらく息子を疎ましく思っているだろうから、母親がいなくなれば息子を棄てることもいとわないに違いない。

タカシさんは、母親だけが生きる保障を与えているということを、カウンセラーに言われる前から痛いほどわかっていた。母がいるから、母が実の親から遺産相続で得たお金をつぎ込んでいるから、タカシさんのコミックも料理の材料も、生きるためのすべての経費が賄われているのだ。

新生児が母の授乳にすべてを託しているように、タカシさんは母親だけに生きるすべてを託していた。それを依存といえばそのとおりなのだが、お金を出さないと言われることを何より恐れていた。お金に頼り生きるしかない自分に激しい怒りすら抱いていただろう。

しかしそんな怒りは、ストレートに自傷行為につながるわけではない。生きる根幹にかかわる怒りは、しばしば回路を変えてもっとも重要な、誰よりも必要な存在へと向かうことがある。タカシさんは、お金を得られないかもしれないという不安を、生み育てた存在ゆえの責任問題へとすり替え、さらに母親自身が人格改造をしない限り息子である自分の未来も自立もありえないという「解くことの不可能な公式」を設定し、それを何年もかかって吹き込み、まるで何かを信仰させるかのようにして母親の心に植え込んだのである。

母親の、そしておそらく父親の願いは、息子が「ふつう」になることであった。

「今まで本当に迷惑をおかけしました、僕は明日からアルバイトでもして、それを足がかりにして来年あたりは就職先を探してみようと思います。今から間に合えば何か資格でも取ろうかと思います……」

こんな言葉を夢に見て息子の生活費を出し続けて、時には罵声を浴びせられている母親は珍しくないだろう。解くことの不可能な公式は、経済力ゼロの無業者であるタカシさんが生きていくために、母親からお金を引き出し続けるために、どうしても必要なのだ。

パスタのゆで時間は、その公式の応用問題なのである。

今日もタカシさんは母親を二時間正座させて怒鳴り続けているだろう。そして、少しでもましな親になるために、息子がふつうの人生を送ってくれるようになるために、気が遠くなるような時間を母親はじっと耐え続けている。

親からの借金リスト

振り込め詐欺の報道を見るたびに、多くの人が、被害者がたくさんお金を持っていたことに驚くだろう。私は幸いにもそのような電話を受けたことがないが、同年代の知人女性たちのなかにはどうやって撃退したか、武勇伝をひとくさり語る人も少なくない。

被害者である高齢者の多くは女性である。一人暮らしをしながら、彼女たちはなぜ数百万という金額を貯めていたのだろう。豪華客船の地球一周クルーズを何回もできそうなのに、テレビのインタビュー映像を見る限り、そんな印象はみじんもない。彼女たちは荒れた手をしている。アクセサリーひとつ身に着けていないその質素さに、私は胸を衝かれる。老後の安寧を約束するのは、この国では社会保障制度ではないのだ。保険会社でもなく、まして子どもでもない。タンスの奥にひっそりとしのばせた一万円札の束なのだ。それさえあれば、最後は何とかできる。そんな彼女たちの国家への、家族への不信の結果として貯められたお金を、詐欺集団が狙う。

彼らが最初に目をつけたのが、「親子の情」であった。振り込め詐欺は息子への母親の情を利用したところから出発している。その後いたちごっこのように警察の取り締まりの一歩先を行く犯行グループは、何を使えば、どこを刺激すれば高齢女性が動揺するかを知悉《ちしつ》しているかのようだ。

お金を使う必然性

長々と述べたのは、お金の使い方は、実に難しいということを伝えたかったからだ。もちろん食べていくのにぎりぎりの収入額だったり、生活費が足りない場合もあるだろう。しかし目を向ければ、日本中どこに行ってもショッピングモールがあり、若者の街にはどうでもいいような物があふれている。それがなくても死にはしないような物こそを、若者たちは必要としているのだろうかと思う。

北欧の輸入雑貨の店などで、キャンドルが並んでいるのを目にするが、北欧のようにキャンドルの灯りで暮らす習慣が根づいていない日本でも、インテリアとして人気が集まっている。こういった店でキャンドルを買った人たちは、そのことをどのように合理化・正当化するのだろう。「かわいいから」「素敵だから」買ったと、満足しているのだろうか。

なかにはこんな無駄遣いしてしまった、誘惑に勝てない自分はなんてだらしないんだろうと思う人もいるのかもしれない。


何に使うか、どれだけ使うかということだけが問題ではない。「なぜ」お金を使ったかという、その行為を合理化する理由がどうしても必要な人たちもいる。

ギャンブル依存症や買い物依存症は、放っておくとどんどんお金を使ってしまう病気であると理解されている。同じ品物の色違いやサイズ違いを全部買う、買った後は興味がなくなり、洋服などは袖を通さないまましまいこむ、カードで買い始めるとブレーキが利かなくなる……といった新奇さだけが注目されて、その人たちはお金を使うことにまったく頓着していないと思われている。

しかし実際は逆なのだ。彼ら彼女たちはお金を使う決心がつくまで、かなり緊張している。そして買い物をしてから、品物を手に入れてから愕然としてしまうのだ。帰宅後、罪悪感に襲われるのが苦しくて、買った品物をしまいこむのかもしれない。

依存症（アディクション、嗜癖）の多くは、あっけらかんとその行為を遂行できないからこそ形成される。お酒を飲むことが楽しいだけの人は、アルコール依存症にはならない。ある行為に伴う罪悪感や負の感情があるからこそ、やめられなくなるのだ。盗んだ西瓜のほうが青果店で買う西瓜よりはるかに甘いように、罪悪感に始まる負の感覚があればこそ、その行為に伴う快楽は激しく強い。不倫におけるセックスの快楽が、夫婦のそれよりはるかに強いことにも似ているかもしれない。

これまで紹介してきた子どもたちは、年金制度や社会保険が完備されて正規雇用が当たり前だった世代の親たちから、どのようにお金を引き出すかが生命線だった。非正規雇用どころか引きこもって生きるしかない息子たち娘たちは、親に経済的に依存することがたったひとつの生きる術なのであった。

しかし、問題は一見図々しいともみえるそんな息子や娘たちだけではない。なかにはお金を使うことに罪悪感を覚えるようになってしまったケースもある。独特の金銭哲学を徹底させることで、子どもに一種の強迫的なとらわれを植え込むことに成功した親もいる。

植え付けられた罪悪感

カナコさんは大学四年生だが、年齢は二五歳である。

高校時代にパニック障害となり、体重が一気に減少したことで一年間休学した。推薦入学で入った大学でも単位をいくつか落としてしまい進級できず、就職先がみつからないために現在も学生のままなのだ。カナコさんは、ことあるごとにノートに数字を書き付けている。親に借金した総額を確認するのが日常となってしまったのだ。

高校は私立だった。しかも三年で卒業できなかったために授業料が余分にかかってしまった。大学も留年・休学をしており、そのあいだの授業料も借金リストには含まれている。カナコさんが自発的にメモをしているわけではない。母親の言葉を思い出すたび、ノートを開いて、金額を書きつけずにはいられないのだ。

「どうして公立高校に行けないの、私立だと授業料が倍かかるのよ」

「大学に行ってないのに、なんで授業料を払い続けなきゃなんないのよ」

「お母さんだって、お父さんだって、老後の計画ってものがあるのよ。もういっぱいいっぱいなんだから」

「そんなに毎日ぶらぶらしていていい身分ね。少しはバイトくらいしたらどうなの」

カナコさんは、小さいころから金食い虫だと親から言われ続けたのである。

父親は努力信仰の人物で、まじめにコツコツ努力していくことが人生の王道だと説いた。その努力には際限がないことにある日気づくのだが、それを実行している父親が同じ屋根の下にいるのだから文句は言えなかった。

「お父さんはずっと弟の面倒まで見てきたんだぞ」

「大学時代はアルバイトを三つ掛け持ちして、授業料は全部自分で払ったんだ」

祖母が病弱だったので、長男である父が時には弟たちの弁当まで作ってやったらしい。祖父はどうしていたかはあまり語らなかったが、叔父によれば、酒を飲んでは行きつけの飲み屋で散財し、時には競馬にお金をつぎ込んだこともあったようだ。しかし父は一切そのことには触れない。


カナコさんはとにかく申し訳ないという気持ちでいっぱいだった。親がたくさんのお金を投じたにもかかわらずアルバイトさえ満足にできない自分は、親にとってお荷物でしかないと感じていた。

そうやって自分を責めれば責めるほど、しかし現実は逆方向に動いていくのだった。中学校の時、下校時にぼんやり歩いていて、自転車とぶつかり鎖骨を折って入院した。退院時に母親は治療費の領収書を見せて言った。

「ほんとうに注意散漫なんだから。学校も休んじゃうし、病院代もかかってどうしようもないわ」

カナコさんは身が縮む思いで「ほんとうにごめんなさい」とあやまった。

高校時代は一時的に摂食障害のような症状が出現した。夜中に勉強をしていると無性に何かが食べたくなって、冷蔵庫のなかをからっぽにすることもあった。翌朝、母親に「ごめんなさい、絶対にもうしませんから」と平身低頭するが、夜になるともっともっと食べたくなるのだった。

カナコさんが一番ほっとできるのは、ボーイフレンドと会っている時だった。携帯サイトで知り合った年上の男性と付き合い、ホテルで抱かれている時だけは親から責められることを忘れていられた。お金は彼が払ってくれるし、食事代も出してくれた。車で送ってくれるので交通費もかからない。無駄遣いをしなくて済んだのだ。

おそらく両親は、カナコさんのことをだらしのない娘、約束したことを実行できない意志の弱い娘だと考えていただろう。夜遊びして遅く帰宅するくせに、いっこうに大学の勉強をしない。アルバイトだって続かない。どうしてあんな娘になってしまったんだろう、と。

両親はいつも言った。

「お金で遊んじゃいけません」

よくよく考えると意味不明だが、カナコさんの家族では一種の家訓のようになっていた。お金で遊ぶとはどんなことか、私なりに想像してみる。

たとえば軽い気持ちでコーヒーを飲むこと、何気なく気に入ったワンピースを買ってしまうこと、かわいいぬいぐるみを買って頬を摺り寄せて眠ること。これらが「お金で遊ぶこと」なのだろう。お金を楽しく使うことが遊ぶことなのだ。それなら、お金で遊ばない、遊ばないようなお金の使い方とはどのようなものだろう。

カナコさんは言う。

「夏の暑い日、自販機でペットボトルの水を買う時、自分にこう言い聞かせます。とてものどが渇いている、ここで冷たい水を飲まなければ脱水症状になるかもしれない、だから買うんだ、って」

「コンビニ弁当を買うときは、店でこの品物が一番安いから買うって言い聞かせます」

カナコさんの消費行動は、文房具も、洋服も、すべて「なぜ買わなければならないのか」「なぜこの店なのか」という理由が付随している。

つまり、お金を使う「必然性」をいつも見出さなければならないのである。無駄にお金で遊んでいない自分を確認し続けなければ、財布を開くことができなかった。

命が理由に

過呼吸やリストカットなどが出現したものの、なんとか大学卒業の目処がついたカナコさんは、アルバイトをしながら付き合っていた男性と同棲することにした。彼の支えがあって初めて親と暮らすことが息苦しいのだと思えるようになった。

しかしどのように説明すれば親が同棲を納得してくれるか、まったく見当がつかなかった。とりあえず卒業の見込みが立ったことだけを伝え、卒業したら一生懸命働くつもりであると母親に言った。

「収入が得られるようになったら、何年ローンでもいいから借金を返しなさい」

それが母の返答だった。想定内の言葉だったので驚かなかったが、それに続けてこう言ったのにはさすがに驚いた。

「もうすぐ新車を買うのよ。エコカーだけどね。今乗ってる車は振動がひどくてね、腰の調子が悪いからよくないし、それに排気ガスで空気が汚れてしまうでしょ」

カナコさんは一瞬息を呑んで母の顔を見たが、平然と続けた。

「それにね、家も改築するのよ。耐震補強っていうの？　そうしないと不安じゃない、夜もおちおち寝てられないんじゃどうしようもないわ。パパの血圧も上がるし」

カナコさんは自室に戻って考えた。

車を買い替えるほど走行距離は長くないはずだ。一万キロにだってまだまだ時間がかかるだろう。なのに両親は車を買い替えると言っている。それに加えて家を改築するだなんて……。

その瞬間、彼からいつも言われている言葉を思い出した。

「カナちゃん、どうしていつも言い訳しながらお金使うの？　もっと楽しく遊ぼうよ」

カナコさんがいつも「お金を使う必然性」を持ちだすことが、彼にとっては不思議だった。お金で遊んでいるわけじゃない、そう証明しなければお金を使うことはできなかった。けれど、これは自分以外の家族にも適用されている決めごとではないのか？

そして、母の言葉はその疑いを明らかにした。新車を買わなければならない、それは持病の腰痛が悪くなるからだ。家の改築をしなければ父親の血圧が上がってしまう。金額が大きければ大きいほど、のっぴきならない理由がそれらしく準備されるのだった。

カナコさんの親の金銭哲学によれば、必然性がなければお金を使ってはいけなかった。カナコさんに植え付けられたそれは、両親の生き方そのものである。二人は命が懸かった理由がなければお金を使うことはできず、鍋や靴べらですらも、それを買わなければならない必然性が用意されていた。

振り返ってそのことに納得できたカナコさんは、一瞬ほっとした。苦しさの謎が解けるような思いだった。しかし、どうすればこの金銭哲学から自由になれるのだろうと思うと暗い気持ちになるのだった。

そんなカナコさんに追い打ちをかけるように母の声がした。

「あのね、一週間前にお金貸したでしょ。ほら、お友だちの結婚祝、立て替えといたから忘れないでね」

「君を守る」は呪縛の囁き

そろそろ梅雨明けを思わせる蒸し暑い日、ミエコさんは七人のママ友といっしょに都心のシティホテルのレストランでランチを楽しんでいた。デザートメニューが毎日変わるので評判が高く、予約がなかなか取れないことでも有名だった。彼女たちは、めでたく子どもを某有名私大付属小学校に入学させた勝ち組のママなのだ。デザートも食べ終わり、ひとしきりおしゃべりに花が咲いたところで、支払いの段になった。ミエコさんは率先して言った。

「私、まとめてカードで清算してきます、あとは皆さまで適当に」

「あ〜ら、サンキュ、じゃ残りはまとめてお渡しするわね」

まとめて支払うことにしたのには理由がある。ミエコさんは手持ちの現金が少なかったからだ。子育てが忙しいうちはそのことに特段疑問を抱かなかったし、不自由を感じることもなかった。

一〇歳年上の夫は、親の経営していたスポーツ用品店を受け継ぎ、同時に海外ブランドと提携することでやり手の二代目として多忙な日々を送っている。

結婚する際に、夫はミエコさんの目を見つめながら言った。

「僕の義務は、君と未来の子どもたちの生活を守ることなんだよ」

父親を中学生の時に亡くしたミエコさんにとって、その言葉は何よりありがたく、ここまで愛されているのかと涙が出そうになった。

金色のカード

夫はミエコさんに、金色に輝くクレジットカードを一枚渡した。

「これさえあれば大丈夫だからね」

そして現金は一切渡さなかったのである。その理由はこうだった。財布を持てば落としたり、盗られたりする危険性がある。それよりもカードを身に着けているほうがはるかに安全なのだ、それにヨーロッパやアメリカではもうキャッシュレスの時代なのだ、と。

ミエコさんは、そこまで私のことを気遣っているのかと感謝の気持ちまで湧いてきた。

海外出張も多い夫が言うのだから間違いないだろう、ちょっとした現金は結婚前に貯めた口座からキャッシュカードで引き出すことにすればいいのだ。いつも行くスーパーマーケットも、デパートも、すべてカードで支払うことができた。ネットで注文したものはもちろんカードで決済された。残金を気にせず買い物できるなんてまるでセレブになった気分だった。

一か月が過ぎたころ、帰宅した夫が改まって一枚の紙を見せた。それは夫宛てに送られたカードの明細表で、使用履歴と金額がすべて記録されていた。夫は一番上の項目を指して、穏やかな口調でミエコさんに要求した。

「順番にひとつずつ、どうしてこれが必要だったのか、ちゃんと説明しなさい」

この質問は、まるで儀式のようにそれから毎月一回、繰り返されるのだった。

背後に張り付く目

よくよく考えてみればそれは最初から自明のことだった。ミエコさんが使ったお金は、すべて夫の口座から引き落とされるのである。言い換えれば、あらゆる消費行動はすべてチェックされるということだった。

最初に要求された時はびっくりしたのでしどろもどろになってしまったが、夫は顔色一つ変えずに質問を最後の項目まで続けた。その冷静さがいったい何を考えているのかわからないという恐怖に結びつくまでに、それほど時間はかからなかった。

ミエコさんは、カードで買い物をするたびに、すべてメモをするようになった。忘れないうちに手帳に記録しておかないと、月末の夫の質問に答えられないのではないかと思ったからだ。家計簿をパソコンでつけることも考えたが、自宅のパソコンは一台しかなく、自分だけのパスワードを持つこともできなかった。なぜ必要なのかと問われた時に、答えられるはずがない。だから最初からあきらめてしまった。

そのうち、買い物が自由にできなくなった。ファストフード店にも入れなくなった。バーゲンで見つくろって服を買うことも怖くなった。

いつも夫の目が背後に張り付いているようで、「なぜそれを買う必要があるのか」と自問自答しなければお金を使うことができなくなった。

食事代をカードでまとめて支払いながら、ママ友の人数と顔ぶれを忘れないように記憶した。ホテル名もレストラン名も手帳にはメモしてある。これで夫からの質問には答えられる。彼女たちがまとめて支払う食事代は、現金を封筒に入れておけば夫には説明できるだろう。頭のなかでいくつかの関門をクリアできたことで、ミエコさんはほっとした。

「それでは、ここにサインをいただけますでしょうか」

レジ担当の男性は、背が高く美しい顔立ちをしている。長い指で計算書を示す彼に笑顔でうなずき、ペンでサインをしながら、ミエコさんは突然すべてがいやになった。どうしてこんなに毎日毎日考え抜かなければならないのだろう。お花一本買うにもブラウス一枚買うにも、夫を納得させる理由を考えずにはいられないのはなぜだろう。結婚前は、それほど豊かではなかったけれど、もっとのびのびしていた。

この若い男性は、カードのサインをしている自分が自暴自棄な気持ちに翻弄されそうになっていることなど想像もできないだろう。笑顔の彼から恭《うやうや》しく手渡された金色のカードを、ミエコさんは放り投げたくなってしまった。

夫は海外に行くと、ミエコさんにアクセサリーやブランドもののバックをお土産に買ってきた。クリスマスには子どもへのプレゼントといっしょに、ミエコさんにもスーツを買ってくれるのだった。いったいいくらの品物なのか検討もつかなかったが、それらを身に着けるぶんには夫から何も言われることはない。

しだいに、ミエコさんは夫から買ってもらった服やバッグ以外は身に着けなくなった。自分でショッピングすることはめっきりと減った。

ママ友はそんなミエコさんに口をそろえて言った。

「あ～ら、またパパのプレゼント？　いいわね、うちなんか私が何を着てても全然関心ないのよね、うらやましい！」

ミエコさんは、彼女たちがバーゲンの季節になると、戦利品のようにしてスカートやカットソーを見せ合っている光景を遠くから眺めた。自分にもあんな時代があった。結婚前にはまるで戦場に行くように、事前に目星をつけて売り場に突進したものだ。自分にはもうあの自由は戻ってこないのだろうか。そう考えながらいったい自分は何に困っているのだろうとよけい混乱するのだった。

おそらく今の状況を話しても、誰も理解してくれないだろう。実家の母ですら、カード一枚ですべて買い物ができると伝えただけで、視線に微かな嫉妬をにじませたのだ。そして「そこまでしてくれる人はいないわよ、何の不足もないはずよ」と、どこか浮かない顔をしている娘を責めるのである。

やわらかな支配

おそらく街ですれ違ったとしても、子どもを連れたミエコさんは誰の目から見ても、幸せそうなママとしか映らないだろう。いったい何が彼女を追い詰めているのだろう。

二〇一三年のイギリス映画『ダイアナ』（オリバー・ヒルシュビーゲル監督）は、故ダイアナ妃をモデルに、彼女の秘めた恋を描いた秀作である。スキャンダラスに報道された彼女の死因に対するひとつの推理を示したものとして話題になったが、ミエコさんの感じている閉塞感と孤独感は、ダイアナの置かれていた状況と似通っている。彼女を日本人の妻であり母であるひとりの女性と比較することに飛躍を感じるかもしれないが、いつも監視されているのに、ありあまる経済的豊かさを享受しているように誰からも思われているという点において、二人は同じではないだろうか。

ミエコさんの夫は、彼の主観的世界においては、妻であるミエコさんを愛しているだろう。だからこそカードを渡して妻に経済的不自由を感じさせないようにしているのだ。そして機会があれば、妻へのプレゼントを用意し、それを身につけることで美しくあってほしいと願っているに違いない。

しかし、別の角度から見てみよう。おそらく夫は、妻を完璧に支配するためには経済的自由を奪うことが必要だと知っているのだ。妻が現金を持っていれば、何を買おうと把握できない。ところが夫の名義のカードであれば、日時も金額も、支払った店の名前も、すべて把握できるのだ。彼はそれだけでは気がすまない。明細を妻に提示し、消費行動がなぜ必要だったのかまでも把握しなければ満足しない。

おそらく彼は、経済的信念（無駄なお金は使わない）を家庭でも貫くことを妻に示すためにそうしたと説明するかもしれない。しかしながら、ミエコさんにとってはお金にまつわるすべての行動を知られており、なおかつその行動が夫から見て合理的でなければならないという規範が徹底されていることになる。

夫は決してミエコさんを怒鳴ったり、責めたりはしない。冷静に、感情的にならずに、まるで裁判所の尋問のように、質問を諄々《じゅんじゅん》と重ねるだけである。その合理的態度や行動に対して反論すれば、たちまち非合理性を理由に批判されるのはミエコさんのほうになる。

ＤＶの一種に経済的ＤＶがある。お金を最小限しか渡さず、それで足りないと家計管理能力がないと責める、怒鳴る、と言った行為である。ミエコさんの場合は、このような説明では収まりきらないだろう。なぜなら目立ったお金の制限はないし、夫が怒鳴ったりすることもないのだから。

しかし、夫の一連の行動がソフトな管理をとおした生活全般を包含するような支配であることに異論はないだろう。私たちの生きている社会にも似た例がいくらでもある。公的機関の窓口対応をとおした管理の徹底ぶりを見れば、おなじような支配・統制が貫徹されているのではないだろうか。

論理的で合理的、非暴力的な夫の態度は、彼がすべての経済的実権を握っているという支配性を不可視にする。それどころか、その支配は妻への愛情や恩寵を纏《まと》っているので、ミエコさんにも、ひょっとしたら当事者である夫自身にも、その支配構造は自覚されることはない。しかし冷徹な視線でお金の流れを見れば、ミエコさんに一切の経済的自由がないことは明白だ。夫が一〇〇パーセント、妻は〇パーセントという明快な対比が、無権利状態を明らかにしている。

「愛情という名の支配」という言葉がなければ、母親の支配性を理解することはできないが、夫婦関係においても同じことが言えるかもしれない。

ひょっとして家族愛（夫婦愛）とは、金銭をめぐるこのような不平等性・支配性を不可視にするために用いられる言葉なのかもしれない。「持てる側」にとってそれがどれほど利用価値があるのかは、ミエコさんの夫を見れば明らかであろう。

「銭は心や！」

携帯電話から聞こえてくる声は、明るく軽やかだ。オサムさんはノグチがどんな顔で話しているかが手にとるようにわかった。

「悪かったな、ありがとな、やっぱり持つべきものは友だちだよ」

背後から聞こえてくるのはカラオケの演歌で、心なしかノグチは呂律がまわっていないようだ。いい気なもんだと思うが、こんなやりとりをもう何回繰り返してきたことだろう。怒鳴ってやろうと思っていたのに、ノグチの上機嫌の声を聞くと怒りに震えていたはずの親指で、乱暴に携帯を切るのがやっとだった。

残業を終えていつもの通りを歩きながら、公務員のオサムさんは父親の待つ家に向かった。あと三か月で四〇歳になろうとしているが、まだ結婚はしていない。周囲でも独身者が多い職場なので焦ってはいない。

父親と二人暮らしの生活を苦痛だと思ったことはない。物心ついたころから父親は酒癖が悪く、酔うと必ず暴れて母を殴っていた。公務員だった父は、外ではおとなしく勤勉な人として通っていたので、そのことを誰にも話したことはない。三つ違いの弟をかばったり、父が壊した食器を片づけたりするのもオサムさんの役割だった。

母は、二人の息子を残してある日家を出た。小学校一年生だったオサムさんは、父親から母が男と駆け落ちをしたのだと告げられた。カケオチという言葉の意味もわからなかったが、その憎々しげな口調からきっといけないことをしたに違いないと思った。父の姉（叔母）が、時々やってきてオサムさんたちの面倒を見てくれたが、「あんたたちの母親は子どもを捨てたんだよ」「こんな小さな子を捨てるなんて本当にひどい女だ」と、いつも涙ぐんで話すのだった。

自分はみじめなんかじゃない

公務員になってからさまざまな研修を受けることで、アルコール依存症やＤＶについての知識を得た。おそらく父はアルコール依存症なのだろう。七〇歳を過ぎた今でも、酒量こそ減ったが酒を飲まない日はない。酔った父の暴言や暴力がDVだったとしても、母が家を出た理由がそれに耐えかねたからだとしても、オサムさんは父とのこれまでの生活に後悔はない。母が自分を捨てたことに違いはないのだから。

一度、母に会いに行ったことがあった。中学校に入る前だったが、弟と二人で父に内緒で埼玉県の母の家に行った。電車で一時間かけて初めて降りる駅に着いたら、母が二人の子どもを連れて迎えに来ていた。

涙ぐんだ母は「あんたたちの弟と妹だよ」と紹介し、駅前のファミレスでプリンをごちそうしてくれた。写真や記憶のなかの母に比べると、心もちふとっていたが、大声をあげてチョコレートパフェを食べる二人の幼児の世話をしている姿から漂ってくるのは、何ともいえないふくよかな温かさだった。

弟もオサムさんも、帰りの電車ではずっと無言だった。埼京線の窓から外の景色を見ながら、早く帰らないと父親にばれてしまうと、それだけを心配していた。たぶん父は母に会いに行ったことを知っていたに違いない。でもオサムさんを責めることはなかった。

公務員になる、いつのまにかそれがオサムさんの人生の目的になった。父から直接命じられたわけではないが、それ以外に自分の将来はないように思った。自分を捨てた母、新しい家庭を築き二人の子どもをもうけて幸せそうに生きている母の姿を思い出すことはあった。掃いて捨てるほどよくある話だし、自分はみじめであるはずがない。だから母を恨んだり、自分は捨てられてかわいそうだなどと考えることはなかった。それはオサムさんにとって敗北なのだ。

高校に入ってからは、母は病死したことにした。友人たちにもそのように話した。自分は父を支えなければならない。再婚もせずに自分たちを育てて大学まで出してくれた父なのだ。どんなに酔った姿がだらしなくても、公務員の人生を定年まで全うした父がいたからこそ、ここまで生きてこられたのだ。そう考えなければならない。

公務員試験に合格した時点で、オサムさんは人生の山を登り切った感じがした。もうこれでやるべきことはやった、人生の借りを返したような感覚だった。それからの生活は、淡々と過ぎて行った。言われたことをやり、忘年会ではいつも幹事をつとめた。寂しくはなかったし、辛くもなかった。

オサムさんは酒を飲むのが怖かった。父と同じような飲み方をしてしまうのではないかという恐怖が遺伝子レベルで刷り込まれているかのように。避けられないつきあいで居酒屋に行くことはあっても、たいていジンジャーエールを注文した。

そんな生活が一変したのは、ノグチと出会ってからだ。

「あんたなら頼みを聞いてくれる」

一〇年前、小学校の同窓会の二次会で友人から紹介されたのがノグチだった。二歳年上の彼は初対面から馴れ馴れしく、オサムさんのふところに飛び込んでくるようなところがあった。ひどく酔った友人が「こいつ、公務員なんだぜ。まじめすぎて困るんだよ」と紹介すると、やおらオサムさんの肩に手を回し、ノグチは「いい女紹介するよ」と膝をすり寄せてきた。そんな経験は初めてではなかったので、いつも通りオサムさんは笑いながら「いやあ、お気遣いありがとう」と言って席を立ち、トイレに行くふりをして帰ろうと思った。ところが、ノグチはいつのまにか店の出口で待ち構えていたのだ。

それからもう一軒の飲み屋に二人で入り、帰宅したのは珍しく夜中の一時だった。何を話したのか、いや何を聞かされたのかはよく覚えている。

ノグチには病身の妻と二人の子どもがいた。学歴がないため正社員にはなったことがなく、ずっと契約を掛け持ちして家族を養ってきた。おまけに近所にはどうしようもない母親が住んでいて、パチンコばかりしている。ノグチの妻とは折り合いが悪いので、職場にやってきては金をせびる。何度言っても母はパチンコをやめない。これまで消費者金融に借金をしてきたが、妻には秘密にしている。

何とか返済してきたが、今月は給料をはたいてもあと○○円足りない。督促がこないように返さなければならない。初めて会った人にこんなことを頼むのはこれまで一度もなかったんだ、でも会った瞬間にあんたなら頼みを聞いてくれるような気がした……。

そう話をしながら、ノグチはキラキラした目でオサムさんを見つめた。話の内容は悲惨すぎる気がしたが、一点の曇りもないその目にオサムさんは惹きつけられた。

「あんたなら頼みを聞いてくれる」

「あんたが初めてだ」

「あんただけが俺の家族を救えるんだ」

そう訴えかけるノグチの目を見つめていると、これまで感じたことのない熱いものが湧いてくるような気がした。それはどこか心の深い部分から突き上げてくるような、衝動にも似た激しさだった。オサムさんは深くうなずいて、反射的に財布を取り出していた。

万札を数枚手渡すと、ノグチの目には見る見るうちに涙が浮かんだ。そしてオサムさんの手を強く握り締めて言った。

「ありがとう、あんたは俺たち家族を救ってくれたんだ！」

その帰り道、オサムさんは夜道を歩きながら、生まれて初めて味わうような高揚感と満足感に浸っていた。自分が渡した数枚の一万円札が、ノグチという男と会ったこともない家族を破滅から救った。そのことがどうしてこんなに自分を動かしたのだろう。

おそらく一度限りに違いない、そう考えたオサムさんはノグチに借用書を書かせることもなく、携帯番号すら知らないままだった。しかしあのときの衝動は、深く記憶に刻まれたのである。

蛇ににらまれた蛙

それから一〇年が過ぎた。

オサムさんがノグチに貸した金額は一〇〇〇万近くにのぼる。その合計額を正確に算出することも怖かった。今ではノグチから連絡があるのではないか、今度はいくら請求されるのかとびくびくし、携帯メールを見るのも怖くなっている。

そんなある日、父親が脳梗塞で倒れ入院した。弟は九州に住み、妻の実家の跡を継いでいるので、簡単に呼び戻すことはできない。オサムさんは毎日仕事帰りに見舞いに行き、休日は家事に忙殺された。さいわいリハビリに励めば後遺症が残らない程度で済んだが、医者は酒を減らすように言った。

退院後、父親は飲酒をやめないどころか、酔うとオサムさんに文句を言った。

「情けない、結婚もできんのか。我が家の血筋もこれで絶えると思うと成仏しきれん」

「何のために公務員にしたのか。もう我慢できん、嫁も来ず、孫の顔を見れんと思うと……」

そのとおりだと思いながらも、そんな父にひとことも文句を言えない自分が情けなかった。

帰宅後は父の顔色をうかがい、仕事中はノグチからの連絡に怯える。オサムさんはしだいに仕事上のミスが増えるようになり、ある日女性の上司から呼ばれた。

「いちどカウンセリングに行ったほうがいいんじゃない？」

眠りも浅く、このままではどうにかなってしまいそうだったので、思い切ってカウンセリングに行くことにした。職場のメンタルヘルス相談に行くのはためらわれたので、書籍やインターネットで調べて開業のカウンセリング機関を訪れた。

生育歴については、母親のことは自分では整理がついており乗り越えたと思っていたので冷静に話すことができた。特に感情的になったりすることもなかった。ところがノグチのことだけは話せなかった。何より「お金」の問題だから、「心」の悩みを話すカウンセリングとは関係ないと思ったし、お金のことにこだわっているなんて、カウンセラーに軽蔑されるのではないかと考えたからだ。

二回目のカウンセリングで、担当カウンセラーから「親しいお友だちはいらっしゃらないんですか」と尋ねられた時、思いもかけずノグチの名前が口から出た。それが糸口になり、この一〇年間のノグチとの関係が次々と思い出されて、すべて話すことができた。

「総額どれくらい貸していらっしゃるんでしょう、計算したことはありますか」

カウンセラーが特に驚いたり軽蔑した様子もなかったことでほっとしたオサムさんは、一〇〇〇万近いことを告白した。そして、初回のカウンセリングの折にそのことに触れなかったのは、心の問題じゃないし、お金のことでこだわっている自分が恥ずかしかったからだと言った。

「お金の問題は大切です。家族の関係や友人関係もお金を抜きにはとらえられませんよ。心だけが独立しているわけじゃないと思います」

カウンセラーの言葉は、突然ノグチの言葉と重なった。

ノグチの語る不幸には際限がなかった。妻はありとあらゆる病気になり、このところは重度のうつ病にかかっている。子ども二人は勉強がよくできるので有名校に行くため塾に通わせており、夏季・冬季講習の費用が莫大だ。母のパチンコは止まることなく、最近はあやしげな健康グッズにはまっている、ノグチ自身も体調が悪いので気分転換にキャバクラに行ったが、キャバ嬢に入れあげてしまった……。その都度メールや携帯電話で今にも死にそうな息づかいでお金を請求してくる。

まるで磁石に吸い付けられるように、ノグチの請求があるとオサムさんは銀行のＡＴＭに駆けつけ、お金をおろす。お札を手にすると、ノグチは相変わらず泣かんばかりに感謝し、あのキラキラした目で見返すのだ。

いちどだけ思い切って「いつ返してくれるんだ」と強い口調で請求したことがある。するとノグチは突然関西弁になって大声で叫んだ。

「銭《ぜに》は心や、銭は心や!!　わかっとんのか!!」

目の色も形相も変わっている。その豹変ぶりに、オサムさんは驚いた。そして何かとてつもなく大きいものを失ってしまうかもしれない、それだけはできない、そう思った。

「ごめん、悪かった、許してくれ」

あやまったのは、オサムさんのほうだ。

ノグチは怯えきっているオサムさんを見て、目のふちに笑みをにじませながら、打って変ったやさしい声で言った。

「わかったらええのんや、大きい声出して堪忍や」

オサムさんはいったい何を怖れたのだろう。とてつもなく大きいものとは何だったのだろう。母を恨まず、公務員として酒癖の悪い父と暮らすモノトーンのような生活を暴力的に打ち破ってくれたのがノグチだった。あまり断定的に表現することは避けたいが、これまで母にも父にもむき出しの感情を表わさず、ひたすら抑制して生きてきたオサムさんにとって、何かを求める、求められる関係は、まるで堤防が決壊するように恐ろしいものだった。でも、どこかでそれを壊してくれる人を激しく求めていたのだろう。

「あんただけ」とキラキラした目で語られることで、他者から初めて「かけがえのない」存在として認められたのではなかったか。あまりに見え透いた不幸の羅列だったが、悲惨な小説のようなノグチの生活ぶりをとりあえずオサムさんは信じた。彼の家族を救う存在として必要とされること、唯一無二の存在として懇願され感謝されることがどれほどオサムさんの生活にとって大きかっただろう。強く激しく他者から必要とされることは、ある人たちにとっては欠損（底なしの空虚感や心のなかをピューピュー風が吹きすさぶような寂しさ）を埋めてくれる効果をもたらす。それは、例えようのない快楽なのだ。

しかしその満足、快感は長くは続かない。何が本当か何が嘘かが不明なまま、とりあえず目の前のノグチを救うために金を出す。それがハッピーエンドをもたらすわけはなく、新たな不幸がそこから生まれ、再び金を出す羽目になる。いつまでたっても終わらないノグチの不幸は、オサムさんをこのような嗜癖的なサイクルへと導くものだった。

カウンセラーはノグチからお金を返済させるために、いくつかの提案をした。しかしオサムさんにとっては、どれもが現実味を持たなかった。ノグチからお金の請求があったら、きっとまたATMに走るだろう自分の姿が浮かんだ。

桜の季節の報告

目の前にアキコさんが座っている。彼女の二〇年に及ぶ格闘は、さながら一本の映画そのものだ。フィルムを巻き戻すと、どこか不安そうな表情をした目の大きな女性が浮かびあがる。カウンセリングセンターの面接室からは、ガラス越しに枝がしなりそうなくらいに咲きほこる桜を眺めることができた。

三〇代になったばかりだった彼女は、女性アルコール依存症者のグループカウンセリングに参加していた。娘を幼稚園に送ってからお迎えまでの三時間と、娘が寝てから夫が帰るまでの二時間、リビングのソファに座ってずっと飲酒して過ごしていた。その時だけがアキコさんにとって何も考える必要のない時間だった。さいわい夫や友人に気づかれることはなかったが、このままでは生活が破綻するのではないか、父と同じ道を歩むのではないかと考えて、カウンセリングにやってきたのだ。

自分にはもったいない夫

父親は飲酒とギャンブルによる借金で母を苦しめ、アキコさんが中学生のころに両親は離婚した。それ以来、母と二人で生きてきた。早朝からパチンコ店の清掃、その後は近所の工務店の事務仕事と、働き詰めの母のおかげで大学も卒業できた。アキコさんは何があっても最期まで母親の面倒を見る覚悟だった。

製造業の会社に就職してから四年後、唯一の趣味だったツーリングで知り合った夫と結婚した。寡黙さに加えて一滴も酒が飲めないという点に惹かれたのだ。彼の勤務先は大手で、職を転々とした父に比べるとこの上なく安定した人生を約束してくれる気がして、自分にはもったいないくらいだった。

二人は比較的都心に近い社宅に入ることができた。夫が出世コースから外れていることが少しずつわかってきたが、当時のアキコさんにとってそれは大きな問題ではなかった。社宅に住めただけでもありがたかったからだ。

初任給からずっと母親には毎月定額のお金を送り続けてきたので、母から結婚のお祝い金をもらったときは驚いた。母の苦労を思うと胸が痛んだ。そして「結婚したらいろいろ物入りだから、これからはお金を送らないように」と言われた時は、思わず涙が出た。これまでいっしょに人生を歩んできたのに、結婚を契機に母から見捨てられてしまったような気がしたのだ。

「アキコが幸せになってくれればなんにも言うことはないよ。お母さんは身体だけは丈夫だからまだまだ働くよ」

あまり愚痴を言ったことのない母だったが、この時もさっぱりした口調で宣言した。それを聞いたアキコさんは、深くうなずいて言った。

「お母さん、たった一つお願いがあるの。社宅の近所に引っ越してくれない？」

経済的ＤＶ

娘の出産後、腰を痛めたアキコさんは遠距離通勤ができなくなって仕事を辞めた。生活費は夫が月初めに渡してくれる定額でまかなうことになった。もともと切り詰めた生活をしてきたので、何とかがんばれば一か月やっていけた。育児に忙殺されるアキコさんを、近所に住む母親がパートの合間に手伝ってくれた。母に心配をかけまいと生活費のことは黙っていたが、乏しいなかからわずかでも、と母へのお金はずっと積み立てていた。

たまには外食をしたいと言っても夫は贅沢だと拒み、それでいて家事を手伝ってくれるわけではなかった。共通の趣味だったツーリングには自分だけ出かけて、夕方になると満足した顔で帰宅した。そんな夫を見ながらアキコさんは日々疲れが溜まっていく気がした。

娘が幼稚園に入った時、夫は入園金を渡そうとしなかった。これまでの生活費のなかから出すべきだと主張した。おまけに、なぜこんなにお金のかかる私立幼稚園に入れなければならないのかとアキコさんを責めた。

近所にはその幼稚園しかなく、娘の友だちは全員そこに入園していると主張しても、夫はなかなか納得しなかった。それならば、生活費を増額してほしいと頼むと、要求額と根拠を示せと言われた。追いつめられたアキコさんは、ずっと気になっていたことを口に出した。

「あなたの収入はいくらなんですか」

驚いた顔で夫は言った。

「生活の苦労をさせないために全額を知らせないようにしているんだ。お金のやりくりがもっと大変になるから俺が全部やってるんだ」

この主張は、この後もずっと続くことになる。

結婚してから一度も夫の給与額を知らされたことはなかった。自宅には頻繁に証券会社や投資信託会社の通知や案内が届くが、親展と書かれた封を切ることは禁じられていた。

お酒をやめた後に

カウンセリングに訪れたアキコさんの当初の主訴は、アルコールをやめたいというものだった。父親のようになれば、今の生活は壊れ、娘を手放さなければならない。それだけは避けたい。カウンセリング料には、結婚前に蓄えた、最後のよりどころである貯金を切り崩してあてた。

グループカウンセリングに参加したアキコさんは、お酒を飲まない時間を積み重ねていった。近所に住む母親が娘を預かってくれることも大きな力になった。

酒や薬の依存症から回復するには、まずそれをやめなければならない。しかしながら、特に女性の場合は、断った後に不調やうつ状態が訪れることが珍しくない。これを「その後の不自由」（上岡陽江・大嶋栄子『その後の不自由――「嵐」のあとを生きる人たち』より。医学書院、二〇一〇年）と呼んでいる。

アキコさんの場合も、お酒を飲まなくなってから、改めて夫婦関係の問題が前面に出るようになった。だが、問題を問題と認識できるようになるには多くの場合、時間がかかる。アキコさん自身も「私が贅沢なんじゃないでしょうか」「夫は悪い人じゃないいんです」と繰り返しながら、いっぽうで納得できないことを訴えた。苦しい状況を乗り切ってきた女性ほどいつも笑顔を絶やさないものだが、アキコさんも微笑みながら夫について語るのだった。

　カウンセリングで詳しく夫の言動を聞くにつれ、アキコさんが見えない蜘蛛の糸にからめ捕られて、少しずつ窒息しそうになっているように思えた。当時はまだＤＶという言葉は一般的ではなく、まして経済的ＤＶ（夫が経済力を用いて妻を支配する）などという定義は思いつくはずもなかった。

　収入の全体像がまったく見えないこと、それが夫の定義によれば「愛情」になること、臨時の出費は夫の許可が要ること、そのために多大なエネルギーが必要であること……。アキコさんの飲酒は、自分が贅沢ではないかと責め、母親に相談することは母を苦しめるだけだと思い一人で耐え続ける、そんな出口のない世界を生きるためには必要なことだったのかもしれない。

　それを率直に伝えると、アキコさんは大きな目からぽろぽろと涙を流した。ティッシュでそれをぬぐい、笑顔に戻るときっぱりとした口調で言った。

「先生、私やっぱり経済力をつけたいです」

扉を開ける

それからのアキコさんは、私と相談しながら五年計画で看護師の資格を取得した。専門学校に入学し、学びながらクリニックで働いたのだ。学費は貯金をすべてはたいてまかなった。時には無謀な選択ではなかったかと自信を失いかけるときもあったが、私からの応援を力にしてやりぬいた。

夫には事後報告で済ませた。夫は驚きもせず、反対もしなかった。お金を出してくれと言わない限り何も反対されないということがわかり、アキコさんは気が抜けてしまった。もうひとつわかったのは、娘がバレーなどの習い事をする時にはお金を出してくれるということだった。社宅の知人からほめられると悪い気はしないようだった。

看護師として経済的自立を果たすために夫のお金を使わないこと、娘への教育的投資が夫の会社の人間関係にプラスに働くと主張すること。この二点を最大限利用しながら何とか夫と生活を続け、アキコさんは無事国家試験に合格した。

都心にある大きな病院に就職が決まったアキコさんは、夜勤をこなしながら看護師として働くことになった。そんなある日、珍しく笑顔で夫が深夜に帰宅して告げた。

「今度、一戸建てに住むことになった。引っ越しは半年後だからな」

茫然としたアキコさんは、しばらくたってから激しい口調で抗議した。

「どうしてひとことも相談してくれなかったんですか、そんな大事なことを結論だけ言われるなんて」

「何が不満なんだ！　社宅を出たいと思ったことはないのか！　やっとの思いで一戸建てを買ったのに、その態度はなんだ」

その三日後にカウンセリングにやってきたアキコさんは、疲れた表情ですべてを報告した。あまりのことに驚いている私に向かって、静かに言った。

「私、やっぱり夫と別れようと思います」

夫が一戸建てを購入したのは、長年の夢の実現だったかもしれないが、アキコさんの未来の収入をあてにしていることは明らかだった。自分の収入については一切秘密にしながら、貯蓄額も投資信託や株の保有についても知らせず、住宅を購入するという結論だけを告げる。ローンをどのように組んだのかもおそらく話されることはないだろう。アキコさんが社宅を出たいと言った事実はなく、住宅購入の意志を尋ねられたこともない。妻をひとりの人間として、意志と欲望を持った存在として扱うことなく、それでいてお金を消費するだけの存在から収入を得る存在へと変化したことにはぬかりなく目をつけ利用する。

そのような夫にアキコさんは激しく拒否感を覚え、怒り、今後の人生をともに過ごすことをやめようと決めたのである。

アキコさんは、勤務する病院の近くに狭い部屋を借りた。夫は一戸建ての新居に引っ越した。一番大きな問題は、娘がどちらと住むかだった。中学生になった娘が苦しまないように、アキコさんの仕事の都合で一時的に別居するという説明をして、娘は夫と暮らすことになった。社宅よりはるかに広く、新しい家には娘の部屋もあった。職場と新居、そしてアキコさんの住まいはちょうど三角形の位置にあった。

アキコさんは、仕事の合間を縫って、週末は夫と娘の住む住宅に通った。多忙を極めたが、看護師の仕事は楽しく、夫と顔を合わせる時間が減ったことから体調もよくなり、娘からも若返ったと言われるようになった。

母親にはかいつまんで事情を話し、夫との半別居状態を告げた。これまでもアキコさんの選択を批判したことのなかった母は、今度も「つらい時はいつでも泊まりにおいで」「遠慮しなくて済むからよかったね」と言ったきりだった。

それから一〇年の時が過ぎ、久しぶりにカウンセリングに訪れたアキコさんは、五〇歳を迎えて少し白髪が目立つようになっていた。

「先生に報告があって来ました」

以前と変わらない大きな目で笑いながら、一枚の名刺を手渡した。そこには訪問看護ステーションの名前と施設長という肩書があった。

そして、エンドロール

病院勤務を続けながら、ケアマネージャーの資格も取得し、地域の訪問看護師へと転身することにした。勤務時間が不規則だった日々から解放されるのがメリットだったが、転身の一番大きな理由は母親がアルツハイマーの初期と診断されたことだった。

最期まで面倒を見たいという若いころからの意志と、人生のあらゆる局面で支え続けてきてくれた母への感謝もあり同居を提案したが、母親は独居を希望した。

徒歩一五分の高齢者住宅に入居した母は、ヘルパーの訪問とデイサービスを利用している。アキコさんは時間のあるかぎり母の部屋を訪れるようにしている。

娘は高校までは夫と暮らしていたが、大学入学と同時にアキコさんの住む部屋にころがりこんできた。夫の倹約ぶりに音を上げて「とうていパパとは暮らせない」という娘を受け入れて、狭い部屋で四年間一緒に暮らした。

夫はそんな娘の学費を出すつもりはないと言い、結果的にアキコさんがすべて私立大学の学費を払ってきた。大学を卒業した娘は神戸の会社に就職が決まり、明日引っ越しをするという。

「やっと夫に『別れたいんです』って言えたんです」

アキコさんは、私が予想していた通りの言葉を告げた。

娘の就職が決まった時、これではっきりさせられると思った。もしかしたら両親の離婚が就職に影響するのではないかという懸念があった。自分がそうであったように、母親である自分の経済力だけで大学を出たのが事実であったとしても、娘のためにやはり夫婦でいようと思った。でももうそれも終わりだ。

そう思ったアキコさんは、夫に自分から電話をし「会いたい」と告げた。

新宿のゆったりとした喫茶店で待ち合わせた夫は、少し遅れて入ってきた。久しぶりのせいか髪も薄くなり、おなかも心なしかでっぷりとしていた。

前の晩から、どのような順番で話そうかと何度もメモをし、繰り返し読んで暗記した。夫の反応も気になった。ひょっとして怒鳴られるかもしれない。調停に持ち込むと言われるかもしれない。想像すると次々と湧いてくる不安から、周囲に人の目がある喫茶店を指定したのだ。

緊張のあまり眠れなかったせいで険しい顔になっているのかもしれない。そう思って無理に笑顔をつくった。

「お久しぶり」

そう声を掛けたアキコさんに向かって、夫は意外にもうれしそうに笑った。そんな笑顔は結婚して以来見たことがない気がした。

それからあとは、前日から何度も練習を重ねたとおりに、すらすらと口から出た。

「これまで長い間本当にありがとうございました。おかげで娘も就職が決まり自立します。これをきっかけに私も自立したいと思います。離婚してください。これが今の正直な気持ちです」

ここまで話すとアキコさんは目をきらきらさせて言った。

「あまりにあっけなくってびっくりしました。夫は何の反論もしなかったんですよ。最初はぽかんとしていたんですが、うんうんって頷くだけでした」

「その晩は疲れ果てて何も考えずに眠ってしまったんですが、あとから夫の笑顔の理由と驚いたわけを考えてみたんです。たぶん夫は、喫茶店で会う前は、私が同居をしたいって言うと思ってたんですね。だからあんなうれしそうな顔をしたんですよ。でもね、私といっしょに暮らしたかったんじゃないんです。同居してしまえば、私が払った娘の学費はもう、自分には請求されることはないと思ったのでしょう。もちろん老後の面倒を見てもらおうという期待もあったと思います。だから、私が離婚を切り出したので、びっくりしたのだと思います。ここまで無理解だったことに私もびっくりしました。最後までお金のことしか考えなかった人でした」

アキコさんのように久しぶりにカウンセリングにやってくる女性は珍しくない。多くが幸せの前兆や、苦しみからの解放を報告しに訪れる。こういう時、どこかカウンセラー冥利に尽きると思うのである。

桜の花の季節にはさまざまな別れと出会いが生まれる。アキコさんはすでに散り始めている窓の外の桜を眺めながら、今から役所に離婚届けを提出しに行くのだと語った。

父と放蕩息子

私は月一回、日曜出勤をしている。この年齢になるとそろそろしんどくなってきたが、いっこうにやめられないのは理由がある。平日は仕事があって休日しかカウンセリングに来られない人を何人か担当しているからだ。そしてもうひとつの理由はMG（Men's Group）という、父親を対象としたグループカウンセリングを午後から実施しているからだ。名前をDad's Groupに変えたほうがいいかという気もするが、もともとはアダルト・チルドレン（AC）の男性のグループとして始まった経緯があるので、その歴史を大切にするためにMGのままにしている。

父親たちのグループカウンセリング

月一回、日曜午後の二時間のグループカウンセリングには、平均一〇人ほどの父親が参加している。自分からすすんでやってきたというより、息子や娘の問題で困った妻たちが先にカウンセリングに来談し、両親の協力こそ大切であると学んだ結果、彼女たちの働きかけによって参加するようになった人がほとんどである。なかには引きこもりの息子に促された父親もいる。

年齢層は五〇～六〇代が中心で、引きこもりや暴力・暴言、借金といった問題行動を呈する娘や息子のことで困っている。子どもの年齢も二〇代後半から四〇代まで幅広く、多くは仕事をしていない。父親の多くは定年退職しており、現役中は仕事が忙しいという理由で子どもの問題を妻に任せてきた。問題が発生して困り果てている時にまったく協力しなかったどころか、「子育てひとつ満足にできないのか」「過保護じゃないのか」と責めた夫たちに対して、妻たちは積年の怒りや恨みが溜まっており、月一回のグループに参加するくらい当たり前ではないかと考えている。またグループ担当が私であることから、「信田さんに叱られてきたらどうか」と考えている妻さえいる（ちなみに私は参加者を叱ったりすることはないのでそれは誤解なのだが）。

カウンセリングにおいて、自発的に来談したかどうかは単に最初の入口の問題であり、その後どのように動機づけて自発性を高めていくかは、カウンセラーの力量しだいだと考えている。現在のMGは、年余にわたって継続的に参加しているメンバーが半数以上を占める。そんな父親だけが集まるグループカウンセリングは珍しいかもしれない。ここでは、そこで得た経験に基づいて、ひとりの父親についてお伝えしたいと思う。

息子のためにマンションを購入

隅田川沿いの桜のつぼみが開くころ、タイゾウさんは六四歳の誕生日を明日に控え、浮かない気分で事務所の扉を開けた。

二〇代の終わりに、タイゾウさんは司法書士の事務所を父から引き継いだ。現在は長年勤めている五〇代の事務員と、週に三回ほど手伝いに来る妻の三人体制で経営している。父親の代からの固定客によって支えられているので、それほど経営的な危機を経験することなく今日までやってこれた。自営業のようなものだから定年がないのはありがたいが、いつも頭から離れないことがあった。一人息子のダイスケからいつ連絡があるかと思うと、気が気ではないのだ。

三六歳になるダイスケは、タイゾウさん夫妻の家から地下鉄を乗り継いで四〇分ほどのところにあるワンルームマンションで暮らしている。鮨職人の修業をしたいということで、一二年前、築地からほど近いところにタイゾウさんが購入したものだ。

ダイスケは中学生のころから、タイゾウさん夫妻の頭を悩ませてきた。それほど勉強好きではなかったものの、塾ではそこそこの私立中学校に入れるくらいの成績だった。だが、両親の期待をみごとに裏切って、ダイスケは近所の公立中学校に入学することになった。住宅街にある中学校はそれほど荒れていたわけではないが、しだいに登校をしぶるようになった。後で聞くところによれば、かなり激しいいじめに遭っていたらしい。

タイゾウさん自身は、親の敷いた路線どおりに、名の通った中高一貫校から大学に進んだ。いじめられた経験もなく、不登校という言葉は知っていたものの、学校は楽しいところだったので、自分の一人息子が学校に行けなくなっているという事実を受け入れることができなかった。

世のなかは人に迷惑をかけずに真面目に働いていれば、そこそこうまく渡れるに違いない。何かつらいことが起きても、ちゃんと原因を究明してそれを除去すればうまくいくと考えてきた。父親はまじめな人だったし、母親を怒鳴ったり手を上げたりすることもなかった。タイゾウさんが必要だといえばちゃんとお金も出してくれた。貧すれば鈍する、というのが父の教えであり、ダイスケに対しても本人が要求しなくてすむように、不自由のないようお金を渡してきた。

このような信条を持っていることを自覚していたわけではないが、カウンセラーに引き出されるようにして語ったタイゾウさんは、改めて自分が父から大きな影響を受けていたことを知る思いだった。

カウンセラーはタイゾウさんの話を聞いて、「穏やかな人生を送ってこられたんですね」と述べた。

　ダイスケは不登校がちではあったものの何とか卒業し、タイゾウさんが必死に探した私立高校にかろうじて入学することができた。妻であるミヨコさんは、夫がダイスケを心からかわいがっていることを疑わなかったし、ずっと夫の教育方針に従ってきた。結婚の際に「お金と浮気の心配だけはさせない」と宣言した夫は、言葉どおりの生活を保障してくれた。友人から夫の浮気やDVの悩みを聞くたびに、自分にはまったく縁のない世界のように思え、このまま健康を維持して二人で老後の生活を楽しみたいと願っていた。しかし、いつも頭のなかに不安が巣食っていて、時々胸がざわつくのはダイスケのことだった。

　高校二年生の時、柔道部に属していたダイスケは練習中に左腕を骨折した。唯一の生きがいだった柔道ができなくなったことで、一気に生活が乱れ始めた。近所の友人たちとつるみ、深夜に泥酔して帰ることが続くようになった。結果的に高校は卒業できず、タイゾウさんたちは専門学校かアメリカの高校に留学させるか迷った。憔悴する妻を見て、初めてタイゾウさんはダイスケのことを怒鳴りつけた。

「学校に行くのは当たり前だろう、どうしてこんなふつうのことができないんだ！」

　ダイスケは父をにらみつけると、ぷいと家を出て、一か月戻ってこなかった。

　あらゆるところを探したが行方がわからず、警察に届けようかという時に本人から電話が入った。

「おれ、板前になるから」

無事だったことに安堵した両親は、居場所を聞きだし、とるものもとりあえず駆けつけると、ダイスケを連れてその足で不動産屋に向かい、築地の新築ワンルームマンションを購入したのである。

一抹の疚しさ

その一〇年後、ダイスケはあいかわらず築地のマンションで一人暮らしをしていた。鮨職人の修業は三か月で辞め、運転免許を取得し、大型トラックの運転手助手を半年、キャバクラのドアボーイ、もんじゃ焼き屋の店員、居酒屋の厨房スタッフ……と転々と仕事を変え、今はおしぼりの配達業に就いている。高校時代から飲み始めた酒は今では量が増え、仕事に遅刻したり、小さな交通事故を何度も起こした。その都度示談にすることで切り抜けたが、いつも被害者への慰謝料は両親が負担した。

ひょっとして息子にはアルコールの問題があるのかもしれないと思った妻は、タイゾウさんといっしょにカウンセリングに訪れた。別々に担当カウンセラーの面接を受けた後、そろって伝えられたことは、①とにかく息子さんが一人暮らしをしていることは評価できる、②仕事を転々としてはいるものの働いていることは評価しなければならない、③アルコール依存症とまでは言えないかもしれないが黄信号であり、親が依存症について学習する必要がある、また、④両親の協力的な関係をこれからも続けるように、という四点だった。

タイゾウさんたちは、①②に関しては本当にその通りだと思い、ほめてやらなければと思った。③④も肝に銘じようと誓った。しかし、この時、二人がカウンセリングで話さなかったことがある、それは、お金のことだ。隠したのではなく、特に言う必要もないと思ったからである。

何より問題なのは酒の飲み方であり、アル中になってしまったらまずいということだけを考えていた。二八歳になった息子も三〇歳を迎えればそろそろ現実も見えてくるだろう、楽しい酒なら飲んでもいいし、いずれ自宅に戻ってきたら専門学校に入れて司法書士の勉強をさせればいいと二人で話し合っていたのである。このころすでにダイスケはお金の無心をするようになっていたが、ダイゾウさんは乞われるままにお金を渡してきたし、それが問題であるとは考えてもみなかった。

タイゾウさん夫婦はこの後カウンセリングを中断する。それから八年近くが経った今、再び私の前にあらわれたのだ。

　ダイスケに会うのは平均月一回、いつも生活費が足りないからとタイゾウさんの事務所を訪れる。事務所に入ることはせずに、入口脇の通路にしゃがみ込み、植え込みを囲んでいる煉瓦に腰を下ろしてタバコを吸っている。決して一〇万以上は要求せず、五万でいいよ、と細かい金額を伝える。そんなダイスケのことを、タイゾウさんは「よくやってるな」とほめるのだ。

　そんな時はいつも、少しだけ自分が疾《やま》しくなる。「父が基礎を築いた事務所を受け継いで何の苦労もせずに生活している」自分に比べると、ダイスケは自分たちが知らない世界で苦労しながらこうやって生きている。そう思うと不憫な気がして、タイゾウさんはさらにお札を二～三枚足して手渡すのだった。

　それが八年後の今も続いていることがカウンセリングで語られた。長い中断を経て、再びカウンセリングを訪れたのは、息子の袖口から刺青が見えたからだ。数年前からダイスケが夏でも長袖を着ているのが気になっていたが、まさか刺青とは想像もしなかった。いったいそれは何かとダイスケに問いただすと、両親の目の前でパッとシャツを脱いだ。妻はその姿を見て卒倒しそうになった。

　背中いっぱいに弁天像、両腕には龍がみごとに彫られていた。三六歳という息子の年齢、そしてこの刺青、相変わらずお金を要求してくること。これらを考えると、タイゾウさん夫婦はこのままではまずいのではないかと初めて思った。

お金によって棚上げされること

ＭＧに参加したタイゾウさんは、驚いた。

お金の渡し方が本人の自立に強く影響すること、これからの親子関係は、親のほうが経済的に優位に立つのが一般的になるのだから、親はどうやって「お金を出さないでいるか」を考えなければならないということ……。自分とそれほど年齢の違わない父親たちがその場に参加しており、そのような考え方に同意し、お金の渡し方に細心の注意を払って子どもと接していることに驚いた。なかには「見捨てることになるのではないか」と思いながらも、カウンセラーの言うとおりに接することで、息子が仕事をつづけるようになり、結婚相手も見つかったという父親もいた。タイゾウさんは彼の体験談を聞きながら、自分がこれまでやってきたことが間違っていたのかと大きな衝撃を受ける思いだった。

カウンセラーは、グループの終了間際に全員に話した。

「みなさんがカウンセリングにいらっしゃるまでによかれと思ってやってきたことを、間違いだったとか無駄だったなどと考えないようにしてください。子どもが困ればお金を出すというのは社会の常識ですし、不況で正社員雇用が減少しているなかで、親くらいは援助してやろうと考えることはむしろ『温かい親心』の発露だったのです」

「ここで新しい視点を提示してみましょう。愛情を示すこととお金を出すことは必ずしも一致しません。愛情を示さなければならないのに、その方法がよくわからないから、とりあえずお金を出して『愛情の証明』とすることは、珍しくありません。そのいっぽうで、『あなたを大切に思っているけどお金は出せません』とはっきりと伝えることが重要になる場合もあるのです」

「親のお金によって、成人した子どもが自分の行為の責任をとらずに済むことはよくあります。親のお金で暮らすことができれば、人間関係をつくる努力をしなくても何とか過ごすことができてしまいます。お金のもつ怖さは、愛情とは何かを突き詰めることで見えてくると思います」

タイゾウさんにとっては、何もかもが初めて見聞きすることだった。そして、自分が父から苦労なくして受け継いだ仕事によって何の不足もなく生きていることに対する疚しさ、息子へのコンプレックスについても、次回のカウンセリングで話してみようかと思うのだった。

母が重い息子

金曜日の夜は同僚たちと飲みにいくというのが、三年前までのアキラさんの習慣だった。途中のターミナル駅で降り、安く飲める居酒屋横丁で終電ギリギリまでねばって酔って帰る、そんな日々のことを遠い昔のように思い出しながら、アキラさんは満員電車に押しつぶされそうになりながら自宅の最寄り駅に着いた。

千葉県とはいうものの、家は都心への通勤圏内に位置している。大型店が林立する駅前を過ぎ、早足で一〇分くらい歩けば、もうすぐ三歳になる息子と妻の待つマンションに帰ることができる。その新築マンションは三三歳のアキラさんにしては、ぜいたくな物件だ。入居者の多くは、四〇代で子ども二人という家族で、なかには駅まで歩けるということで購入を決めた定年退職後の夫婦なども珍しくなかった。

大手不動産会社による開発なので、近隣の建物のなかでもいかにも高級そうな外観を誇っている。しかしアキラさんは近づくにつれてどんどん気分が沈んでいくのだった。

「パパを超さなきゃだめよ」

似たような状態が過去に何度もあった。押しつぶされそうなのに、そのことを誰にも言えない。苦しいかどうかもわからなくなるくらいに追い詰められて、一日を過ごすのがやっとの状態が続く。アキラさんは、しだいに登校できなくなっていった中学二年のころの自分を思い出していた。

母親の受験準備の計画は、小学校の三年から始まった。それまではリトルリーグや水泳教室といった習い事に通わされ、「スポーツのできる子じゃないと男としてやっていけないわよ」という母の言葉のもとに外遊びを強いられていたアキラさんだったが、それが方向転換する。公文や楽しく学べる国語教室に通うようになり、四年生からは大手進学教室に入った。

塾は徹底した成績別クラス編成で、らくらくと高偏差値をテストでたたき出す子どもたちは運動部の生徒のような明るさを振りまいていたが、子どもといっしょに母親が髪を振り乱して予習復習に励む姿はアキラさんに恐怖を与え、自分がぬかるんだ道を永遠に歩き続ける兵士のように思われた。

アキラさんは第一志望には届かず、私大付属中学に合格した。そのころから母親は「いい？パパを超さなきゃだめよ」と言い含めるようになった。父親は国立大学の商学部出身で、財閥系化学プラントの会社に勤めていた。母親は関西の中高一貫女子大学出身で、その学校名が自分のブランドだった。友人たちには社会で活躍している著名な女性も多く、その人たちの名前を挙げながら、自分もそうなれたはずなのにパパにだまされて結婚したのが間違いだった、と言い聞かせるのだった。アキラさんは幼いころから、父は母をだまして結婚したのだと信じてきた。

中学校は表向きは自由な校風だったが、生徒間のいじめには陰湿なものがあった。アキラさんはなぜかいじめのターゲットになりやすく、中二のときに体育の時間のあと更衣室で下着を下ろされ、囃《はや》したてられるという出来事が起きた。そんな性的いじめの経験を誰かに訴えるなど考えもつかなかった。成長が遅くクラスの雰囲気に乗れない自分だからこうなったのかもしれない。そう思うと登校する際に心臓がドキドキしたり、汗が出るようになった。それが不登校のきっかけだった。

母親は、まさか自分の息子が不登校になるなんてと騒ぎ立て、父親はすべては母親が過保護なせいだと言い募った。深夜まで大声で互いを責めあう両親の声を聞きながら、自室でアキラさんはこのまま消えてしまったらどれほど楽だろうと考えていた。

人一倍エネルギッシュな母親は、そのまま黙っているような人ではなかった。中学校に乗り込み校長と交渉をし、いじめがあったことを認めさせた。アキラさんはかえって学校に行けなくなってしまった。今でも中学校の最寄駅を電車で通過するたびに動悸がするほどだ。

母親は、不登校の世界では著名なフリースクールを見つけて、アキラさんを通わせた。学校制度や管理的な教育に対するアンチを唱えるそのスクールは、志の高い不登校児が集まっており、母親は息子が「並みの不登校」ではないことで満足しているように見えた。

アキラさんはそこで多くの友人を見つけることができた。父親を超すことはできなかったものの単位を取得し、浪人の末に有名私立大学に入ることができた。母親がまるで自分の成果であるかのように喜んだのは言うまでもない。

「今日からは久しぶりに街を胸を張って歩けるわ」

そう告げた母を見ながら、アキラさんはこれまでずっと積み重なった負債の一部を少しだけ返済できた気がした。

何のために自分は苦しんできたのか

アルバイトにバンド活動と充実した学生生活を送るアキラさんを見ながら、母親はひそかに進路をいくつか探っていた。

　大学二年の夏、警備員のバイトから戻った息子の顔を見て、母親は真剣な表情で言った。

「これからは資格の時代よ。アキラの大学では司法試験は無理だけど、税理士か公認会計士はどうなの？　社労士っていう手もあるわ」

　不意を衝かれて言葉もなかったアキラさんは、次の瞬間、突然母親に怒鳴った。

「もういい加減にしてくれないか！　僕はこの大学が好きなんだよ。パパを超せるかどうかなんて、どうでもいいじゃないか！」

　そう叫んだ自分にアキラさん自身もびっくりした。もっともっと言いたいことがある気がしたが、堰が切れてしまうといったい自分が何をするかわからなくなるのが怖くて沈黙した。

　母親は顔色も変えず、平然としていた。

「あらそうなの？　じゃ、自分で選んでみなさいよ。泣き言を言っても知らないから」

　凄みのある声でそう告げると、部屋を出て行った。

　落ち着いてからアキラさんは、自分がほんとうに母に言いたかったことは何なのかを考えてみた。小学校からずっと母親に先導されて生きてきたが、大学に入って初めて自分で生きているると思えた。自分の関心がどこにあるか、自分がどんな人間なのかが、少しずつ見えてくるようだった。もやがかかったぼんやりとした息の詰まりそうな世界が、さまざまなことがくっきりと輪郭をもって立ち現れる世界へと変化してきた。

自分のために東奔西走し、フリースクールを見つけ、大学入試のために必死になって栄養満点の料理をつくってくれた母のことを、アキラさんは全面的に信じていた。しかし、先ほどの言葉で、アキラさんをまったく理解していなかったことがわかった。

とすれば母親は、どこに向かって自分を先導してきたのだろう。日々父親を超せなかった息子である自分を責め、だまされて結婚させられた母親の唯一の希望を打ち砕いたことに呵責を感じてきた。長年背負ってきたその負債はいったい何だったのだろう。

アキラさんは、これまでの母親像が音を立てて崩れていくような気がした。


その一件がきっかけとなって、アキラさんは家を出た。演劇活動やバンドに熱中している友人たちが応援してくれ、バイトを掛け持ちしながらそれから二年間は家に帰らなかった。大学は中退することにしたが、後悔はなかった。映画に出会ったからだ。これからは好きな映画づくりに集中できるとわくわくしていた。

いくつかのバイトを経て、友人の誘いで映画配給会社に勤め始めた。やっと自分で部屋を借りられるようになったので、ずっと気になっていた母親に報告をしようと思い、久々に実家に戻ってみた。勇ましく家を出たものの、母親への思いが急転直下で割り切れたわけではない。

時々ふっと少年時代や不登校時の自分を思い出すと、当時の母親の姿が浮かび無性に悲しくなった。引き裂かれるような思いを抱えながらも、友人たちにそのことをひと言も話すことができなかった。

衝撃のひと言

少しは自立できたことで自信もついたし、母親もさぞかし心配しているだろうと考えた。時が経ったので自分のことを理解してくれているのではという期待もあったので、思い切って実家を訪れることにしたのだ。

ところが驚くようなことが待っていた。母親はぐんと若返っていて、服装も髪型も変わっている。

「ママは毎日ジム通いで忙しいのよ。筋肉ついたでしょ、ほら」

スキニージーンズを履いた右脚のすねを、アキラさんの眼の前に突きだして、母は自慢げな顔をした。息子の不在など気にかけてもいない。この二年間がなかったことにされてしまうような空気にくらくらしながら、アキラさんはこわばった笑顔でうなずいた。

そんなアキラさんを一瞥《いちべつ》した母親は、驚くような言葉を吐いた。

「どう？　映画のほうは見通しついたの？」

いつのまにか自分の生活状況が母親に知られているのだった。どうやって調べたのだろう、いやこっそり監視されていたのだろうか……。

ゆるふわのパーマをかけてギャルのようなかっこうをした母親が、薄気味悪いどころか、恐怖に近い存在に思われた。

早々に退散したアキラさんは、帰路しばらくは混乱が収まらなかった。そして、とにかく実家に近寄らないようにしようと決心したのだった。


そうやって距離をつくろうとしたが、最低限の交流まで絶つことはためらわれた。正月には必ず顔を出したし、折に触れて安否確認的な電話は欠かさなかった。それは母親を思ってのことではなく、そうしないとどんな方法を使って逆襲されるのかわからないという恐怖があったからだ。

勤務先が映画関連の会社であることがいつのまにか母に知れていたことについては、私立探偵でも使ったのかと思ったが、その謎はフリースクールの同窓会の席で解けた。当時かなり親しかった友人宅に、突然母から電話があり「アキラのことで相談がある。このことはお願いだからアキラには伝えないでほしい」と思いつめた調子で訴えられたのだという。何が起きたのか驚いて会った友人に、母は高価なメロンを手土産に渡し、涙ながらに「何も話してくれない息子」への不満と不安を延々と語った。そして最後に、これもアキラのことを思えばこそであり、だから知っていることを全部教えてほしいと頼みこんだのである。子を思う母の心に打たれた友人は、当然のようにアキラさんについてのすべての近況を母に伝えた。

「あんな息子思いのお母さんを苦しめちゃだめじゃないか。うらやましいくらいだよ」と苦笑しながら語る友人に、アキラさんは事情を説明する気力を失っていた。

出会い

小さな会社だったが仕事に不満はなかった。そのうちに同業である別会社に勤めるエミコさんと親しくなった。それまでも学生時代から何人かの女性と交際した経験はあったが、友人たちのように気軽に自分の親に紹介することはできなかった。母親がどのように反応するか、先回りしてどこまで詮索してくるかが目に見えるような気がしたからだ。

どこかのんびりした感じのするエミコさんといっしょにいると、これまで味わったことのない解放感とゆったりした感覚に包まれる気がした。映画関連の仕事に就いている女性は、エキセントリックで自分の感受性に踏み込まれるのを拒否するような印象が強かったが、エミコさんは例外だった。親しくなるのにそれほど時間はかからなかった。

九州出身である彼女は、東京の大学を卒業してから小さな劇団に所属していくつかのアルバイトを掛け持ちした経歴があった。アキラさんと似たような経歴を持っていることも親しさに輪を掛けたが、大きく異なる点がひとつあった。それは、のちに二人の関係に大きな影を落とすことになる親との関係だった。

お互いの住まいを行き来するうちに半同棲状態になったので、けじめをつけようと思ったアキラさんは、夏休みを使ってエミコさんの実家を挨拶をかねて訪れることにした。

緊張感とは無縁の家族

八代海にほど近いエミコさんの実家では、実直そうな教師の父と公務員の母、そして大学のサッカー部員である日に焼けた弟がアキラさんを歓迎してくれた。

その家の雰囲気は、玄関に一歩足を踏み入れた瞬間に、空気感で伝わってくるものだ。それまでも数人の友人の家を訪れたことはあったが、エミコさんの実家に入った瞬間、これまでに感じたことのない空気に包まれる気がした。お世辞にも整然と片づけられたとは言い難い室内は、張りつめたものがなく、すべてがゆるかった。初対面なのにその地方独特の言い回しで話しかけられ、前日は緊張のあまりよく眠れなかったアキラさんは、一気に固まったものがほぐれる気がした。

前もってエミコさんから聞いていたとおり、何を言っても自分の思い通りにしてしまう長女のことを両親は「あきらめている」と繰り返したが、言葉とは裏腹にそんな娘のことを信頼していることが二人から伝わってきた。そして、時おり意見が食い違うとふだんと同じように軽い言い争いを始めるのだった。ひやひやしていると、いつのまにか笑いとともに争点はどこかに飛んで行ってしまう。

アキラさんは、母親と父親のあいだに常に漂っていた緊張感のことを思い出した。何かの拍子に意見が対立すると父親は青筋を立てて怒鳴り、母は歯を食いしばって悔しさに耐えていた。二人っきりになると、母親は仕事ひとすじで何もやさしいことをしてくれないという父親への愚痴を延々と聞かせた。かわいそうな母親のためには父親と対立しなければならないと、四六時中身構えていた幼い自分の姿がふっと目に浮かんだ。

あまりにも違う夫婦の姿と居間に漂うゆったりとした空気感に包まれて、アキラさんは米焼酎の酔いも加わって、いつのまにか眠くなってしまった。

東京に戻ってから、アキラさんは考え込むようになった。気を遣って両親に紹介してほしいと言わないエミコさんの気持ちが痛いほどわかるからこそ、やはり一刻も早く両親と会わせるべきだと思う。しかし母親がどう出るか、父と母がどう反応するかを考えれば体がすくむようだった。首都圏出身の母にとっては、彼女が異文化そのものである九州の出身であることをどう思うだろう、すでにエミコさんの実家に遊びに行っていることは絶対に秘密にしなければならない、母からしつこく嫌味を言われるに決まっている、などと考え出すと頭のなかで堂々巡りが始まり、いっそのことエミコさんと別れてしまったほうがいいのではという結論に至り、そんな自分に愕然とするのだった。

完成していた青写真

夏の終わりの金曜の夜、いつも通り同僚たちと居酒屋で飲んで機嫌よく帰宅すると、エミコさんが真剣な面持ちでアキラさんの前に座った。すこし間をおいてこう言った。

「私、妊娠したみたい」

少し痩せた面持ちのエミコさんの目を見つめたまま、アキラさんは数秒のあいだ言葉を発することができなかった。頭のなかでは取るべき行動が映像で浮かんだ。「バンザイ！」と叫んでエミコさんを抱きしめればいいのだ。「そっか！　結婚しよう」と満面の笑みを浮かべ、大きくうなずけばいいのだ……と。

しかし、自分の表情を食い入るように見つめているエミコさんのまなざしをそらさないでいるだけで、アキラさんは精いっぱいだった。その数秒間は永遠にも思えるほどの長さだった。

そして、深く空気を吸い込んでからゆっくり言った。

「うれしいよ……ちゃんと結婚しよう」

そこからすべての歯車がきしみ始めた。

実家の居間で両親にエミコさんを紹介し、おなかに新しい生命が宿っていることと出産予定日を告げた。その瞬間の母親の顔をアキラさんは忘れることはできない。

うっすらとした笑みを浮かべながら、ギラギラと力がみなぎった瞳は、さあこれで大丈夫、お母さんにすべてまかせておきなさい、アキラ、やっと私の元に戻ってきたわね、と語りかけているようだった。全身から溢れるエネルギーは妖気となって、あっという間にアキラさんを包んでしまった。抗おうとしながら、アキラさんは突然思い出した。不登校になったときも、同じような表情で見つめられていたのだった。

傍らの父親が驚き、その事実を受け止められないような顔つきを見せたのと好対照に、母親はてらてらと額に汗を浮かべて満足げに、身を乗り出して二人の顔を見比べた。

事前に打ち合わせたように、わずかながら二人の貯金があるので、妊娠月数が落ち着いたころにもう少し広いマンションに引っ越す予定であること、結婚式は親族だけでこぢんまりと行いたいことなどを告げた。

ところが母親は、待ってましたとばかりに即座に言った。

「エミコさんは大切な時期なんだから負担はかけられないわ、男にはわからないことがあるのよ、ねえエミコさん」

当初のよそよそしく値踏みするような目つきから、すっかり女同士の馴れ馴れしい視線へと変わったのにも驚いたが、その後の言葉にはもっと驚かされた。

「生まれてくる子は我が家の跡継ぎなのよ。この姓を継いでもらわなきゃならないんだから、ねえ、パパ」

今から思えば、そのときすでに母親の頭のなかには青写真ができていたのだ。すぐに物件を探し、子どもが二人生まれても十分なマンションを購入すること。できれば同じマンションに自分たちの老後の住まいも求めること。二三区内にあるこの住まいを売却し、夫の退職金と自分の親からの相続を充てれば、わずかのローンで十分ではないかという素早い計算が頭のなかで働いていたのだ。それが母親の妖気と、あの満足げな表情の正体だったのである。

自分の家族なのだろうか

帰宅したエミコさんは、母親からの突然の提案を素直に受け止めていた。自分たちの収入が少ないことは痛いほどわかっているからこそ、あのような援助を申し出てくださったのだ、こんなありがたいことはない、そんな感謝の言葉を聞かされたアキラさんは、どうにかして自分の考えていることを理解してほしかった。しかしその後交わされた会話は最悪の道筋をたどった。

「あんな態度ひどいわよ。何も言わずに子どものために住まいの心配までしてくださっているお母様に、悪いんじゃないの？　これまでいろいろあったことはわかるけど、いいかげんにお母様の気持ちもわかってあげるべきだわ。冷たすぎるんじゃないの？」

「君にいったい何がわかるんだ！　あんな仲のいい家族で育った君には、僕のことなんかわからないんだよ、あの人にだまされちゃだめなんだ！」

声を荒げて怒鳴ったアキラさんに、エミコさんは驚き、そして怯えたような表情を見せた。

「ごめん、ほんとうにごめん、大声なんか出して、僕が悪かったよ」

ひたすらあやまり続けたアキラさんだったが、その時から二人のあいだに少しずつ溝ができ始めた気がした。

一年後、アキラさんたちは千葉県にある新築マンションに入居することになった。産前産後の手伝いで滞在していた九州の実母が帰った後は、アキラさんの母親が泊まり込んで面倒を見た。そして引っ越しの手配や手伝いなど、生後三か月の長男を抱え、てんてこまいのエミコさんは、全面的に母親に頼っていた。

アキラさんが帰宅すると、母親が「お帰りなさい」と玄関に出迎えるのだ。日に日に成長するわが子を心よりかわいいと思うアキラさんに、「『子を持って知る親の恩』よね〜」と得意気に語る母親の言葉が冷水を浴びせる。

土日だけ父親のもとに帰る母親は、日中は家事と育児の手伝いをしながら、ますます元気になり、水を得た魚のように若返っていった。

マンションへの帰り道、アキラさんは自分たちの生活がいつのまにか母親の敷いたレールに乗せられていることを確信した。しかしエミコさんにそのことを話すわけにはいかない。三歳になった息子はすっかり「バーバ」に懐《なつ》いている。

両親は三階上のフロアに小さ目の部屋を購入して住んでいる。父親は定年後嘱託で働きながら、アキラさんと顔を合わせるたびに、もっと収入のいい仕事に就けと転職を勧める。母親は毎日のように訪れて、エミコさんと「もうひとりほしいわね、こんどは女の子がいいかしら」などと話している。

他人が見たら申し分のない生活を送りながら、どうしていつまでも母親にこだわってしまうのか。ひょっとしたら、エミコさんの言うように自分は冷たく執念深い性格なのかもしれない。そう思った。実家を出て貧しくても自分で生きているという実感のあった数年間のことが、まるで黄金のような輝きをもって思い出された。

マンションに到着すると、身体の芯から突き上げるような深い疲労感が自分を襲うのを感じた。これから帰っていく先は、果たして自分の家族なんだろうか、そう思いながらアキラさんは部屋番号を押した。

II 時代の鏡としての家族

戦後七〇年、何が変わったのか

お金は、家族関係にひそむ力関係や支配といった権力の構図を明るみにする。前章で、その様々な事例を提示したが、はたして、これらはいつの時代にも起こりえたドラマだろうか。三〇年のカウンセリングの経験を振り返りながら、社会の変遷を視野にいれ、家族について考え続けてきたことをつづってみたい。

私の仕事はカウンセラーですと話すと、「心の悩みを解きほぐしてもらいたい」「すべて見透かされてるみたい」などという反応をされて辟易するのが通例だった。メンタリストと自称する人たちが活躍しているために、よけいに心の奥を覗きこむような印象が強くなっているのかもしれない。

そのような先入観どおりの心理相談・カウンセリングを行っている人たちもいるかもしれな

いが、昨年「公認心理師」という心理職の国家資格を認定するための法案が正式に国会で成立したので、これからはますます私たちのように現実的で具体的な問題を扱うカウンセリング機関が増加するだろう。私は本書にも登場するような個人の心に集約されないような現実的な問題を、これまでもずっと対象としてきた。なかでも家族関係は多くの人たちにとって一番大きな影響力をもっているという実感がある。

カウンセリングという選択肢

それまでずっと素直で期待通りの人生を歩んでいると考えてきた娘や息子に、ある日突然多額の借金が発覚する、会社や学校に行けなくなる、自殺を図るといった事態が生じると、母親は驚きパニックになり、どうしたらいいのかと混乱する。精神科という言葉がすぐ頭に浮かぶだろうが、本人を連れて行こうにも拒否されてしまう。

そんな時にひとつの候補として浮上するのが私たちのような開業カウンセリング機関である。心療内科、神経内科、精神神経科、といったさまざまな診療科のなかから一番抵抗のなさそうなクリニックを、インターネットなどで探して受診する人もいるかもしれない。私たちとクリニックが何が違うかはおそらく最初は理解されないだろう。一番はっきりするのがお金である。

クリニックは保険診療なので、初診なら数千円でおつりがくるはずだ。ところが私たちのような開業カウンセリングは、初回面接が一時間で一万円（別途消費税がかかる）という料金なのだ。その差にまず圧倒され、次に臨床心理士が国家資格でないことから、いったい何をしてくれるのか、信頼できるのかといった疑念も生じるだろう。このような懸念と経済的リスクを乗り越えて申し込んでくる人たちが私たちのクライエントになるというわけである。

精神科クリニックに比べるとこのように敷居が高いということが、開業心理相談存立を困難にしている理由のひとつであろう。なかでも料金＝お金の問題はもっとも大きな要因といえる。カウンセリング＝お金が高いと条件反射されてしまうこともある。ネット上のメンヘラ的コミュニティでは、カウンセリングはぜいたくであるという反応が一般的でさえある。

心より生命

本書のテーマである「お金」は、このようにカウンセリングの構造自体に組み込まれた問題なのである。クリニックよりはるかに高い料金を支払って来談する人たちに、どれだけ誠実に対応できて、その人たちが困っている問題を解決するために有効な援助ができるか。つまり援助の対価としての料金が、それを支払っているクライエントと私たちの関係を規定するのだ。

クライエントは「料金に見合った援助」を受け取る権利を買うのであり、私たちは買われるのである。

これを契約というきれいな言葉で表現することもできるが、私の実感としてはやはり買われるという感覚のほうが大きい。

さて心の悩みよりも現実的問題と述べたが、それを象徴するできごとを挙げよう。昨年私たちHCC（原宿カウンセリングセンター）は設立二〇周年を迎えた。やっと満二〇歳の成人式を迎えたととらえるか、これからが成人として存続していく本番と考えるか、そのどちらだろうか。

多くのクライエントからお祝いの言葉をいただいたが、そのなかでも一番多かったのが「おかげで死なないで済みました」「あのときHCCに出会っていなければどうなっていたかわかりません」というものだった。冒頭に述べたように、心の悩み解決という役割であればこのような感想は出てこないだろう。つまりカウンセリングは、心より命の問題なのである。

母親のグループカウンセリングにやって来る女性たちのなかには、息子からの暴力や破壊行動によって怪我をする人が珍しくない。娘が手首を切る、オーバードーズ（OD）、つまり向精神薬の大量服薬によって救急車で運ばれ胃洗浄する、マンションの窓から飛び降りようとしたり、道路の真んなかに寝そべったりする……。このような危機にどう対応するか、そのための提案や、時には指示などもカウンセリングには含まれる。

医療は生命を救うためにあるといっても過言ではないだろう。精神科医療も同様である。しかしカウンセリングも同じく生命にかかわっているという実感を強くもっている。多くのクライエントは、紙一重のところで死の一歩手前で踏みとどまることができたり、殺されるかもしれない状況で思い切って逃げることができたりする。このように私たちはいのち＝生命に深くかかわっているのである。

心よりも生命にかかわっていること、これはカウンセリングにまつわるイメージを少し変えるのではないかと思う。

知識はメガネ

さて、家族をめぐるキーワードとはなんだろう。それは絆や愛情ではない。「お金」と「権力」である。愛情が無意味だと言いたいのではない。三〇年間のカウンセリング経験をとおして言えるのは、「はじめに」で触れたように、この二つの視点をもたないと、家族のさまざまな問題は見えてこないということである。

一つのエピソードを紹介しよう。ある精神科医から聞いた話である。一九六〇年代に、地方自治体を対象にしたアルコール中毒（当時は依存症という言葉がまだなかった）の実態調査を行おうとしたらしい。その時に起こったのは、なぜそのような調査をしなければならないのか、予算の無駄遣いではないかという反対の声であった。その理由は、「わが自治体にはアルコール中毒者なんか一人もいないから」であった。アルコール中毒という言葉を略したアル中という響きからくるイメージは、おそらく昼間から飲んで手が震えているどうしようもない人といったものだろう。身近にそんな人を見たこともない、だからわが自治体にはいるはずがない、と考えて上記のような反応を示したのだ。

この事実は、科学的知識に裏打ちされた疑いをもって見なければ、見えるはずのものも見えないということを表している。アルコール中毒とはどのようなものか、どのように潜在するか、家族への弊害がどれほどのものかを知って見つけ出そうとしないと、全く見えてこないのだ。

同じことは虐待やDVなどにも言えるだろう。親は子を愛するものという常識をいったん捨てて、ひょっとしてという猜疑心をもたなければ、親の虐待やDVはほぼ不可視となる。家族の暴力などの問題は、このように強固な常識によって見えなくなってしまうのが常である。ではいったい常識とは誰のためにあるのだろう。それは家族における力の優勢な存在、権力を有する側のためにあるのである。虐待やDVを受けているほうではなく、それを行使する側を擁護するのだ。親や夫は、だから「自分の行為は暴力などではない」と考える。

そのような壁を突破するには、まず知識が必要となる。アルコールの害や依存症の仕組みについての知識をもつことで、初めて見えてくる実態がある。そして虐待とはどのようなものか、どのように発生するか、受ける側にどんな影響があるかといった知識を身につけることで、初めて多くの家族に起きている虐待やＤＶが可視化され、顕在化するのである。何より「暴力を受ける側」「子どもの立場」に立って見ることである。子どもを置き去りにした親は「しつけ」と思っても、子どもにとっては捨てられる恐怖の体験でしかないだろう。

知識とは弱者の側に立つ必要性を教えてくれる。隠されたものを発見する、潜在化しているものを明るみに引き出すためのメガネのようなものであると同時に、これまでの自分の立ち位置を振りかえることを教えてくれるのも知識なのである。

もう一点、メガネにあたる部分としてあげなければならないのが歴史的社会的変動である。たとえば、同じ明治時代でも、初期と日清戦争後の日本では、家族に対する考え方も大きく変わっただろう。明治五年の家父長制による戸籍制度の完備は、息子と娘の地位を大きく変えた。また父親の役割も変わった。長男相続によって次男と三男の地位は下になり、同じ兄弟でも対等性はなくなった。娘はもともと嫁ぐまでの関係であり、裕福な家に嫁いで男児を生むことが期待されていたのである。当時は対等とか人権といったメガネなどなかったし、妾をもつことはむしろ経済力の現れであったから、浮気といった言葉も現在とは異なる意味合いをもっていただろう。メガネは時代によって大きく変わるのだ。

このように考えると、現在多くの家族において当たり前となっている経済的観念、お金に対するとらえかたも時代とともに変わってきて当然だろう。

カウンセリングで出会う多くの親たちは団塊かポスト団塊世代である。団塊世代とはおおざっぱに一九四七〜一九四九年に生まれた男女を指す。

敗戦後、命からがら復員したり引き揚げた人たちが、家庭に戻り結婚した結果、ベビーブームという言葉が誕生する事態が生まれた。人口構成比においていつも大きな塊を示していることから、評論家である堺屋太一が一九七六年に「団塊の世代」と名付けたのである。

一般的に団塊といえば男性を対象としており、六〇年代末からの学生運動・全共闘運動を経て、日本資本主義経済の最前線で働いた人たちだ。彼らは、給与も毎年上がるのが当たり前、年功序列や終身雇用も常識という企業環境にいた。結婚後は専業主婦とサラリーマンという組み合わせで、夫が大企業勤めであれば社宅に住むことができた。封建的な明治以降の家族を乗り越えて、新しい家族、つまりニューファミリーを目指したのである。

彼ら彼女たちが信じてきた常識はどんなものだったのだろう。子どもは親を追い超して当たり前、結婚するまでは親が面倒を見るのが当たり前、いずれ子どもは親元を離れて出ていくものだ、自分の食べる分くらい自分で働くのが当たり前、正社員以外は考えられない……といったものだ。

よく見れば、これらは彼ら自身が実行してきたことそのものである。第二次世界大戦後に生まれた団塊世代である親たちは、戦後の日本国憲法の精神を学校教育で習得し、「自分たちは新しい価値観を生きるのだ」と考え、古い価値観をもつ親を簡単に超えたのだ。学歴でも息子が父を超えるのは当たり前だった。さらに高度経済成長という日本経済の光り輝く時代に企業で働いた記憶は消えず、経済的自立はすべての基本であり、まじめに働いていれば誰にでもできるはず、と考えている。

このようなメガネをかけた親たちは、子どもに何を望み、何を当たり前として強制しているのだろう。

経済的自立という虚しさ

少々まわり道をしたが、家族を新しいメガネをかけて見てみよう。これまではどこもかしこも「家族の絆の再構築」「自立促進的なかかわり」「依存傾向から自立へ」といった言葉が氾濫していたような気がする。カウンセリングの現場で、絆、自立、依存、さらには愛情という言葉は現実的対応においてほとんど意味をもたない。理念としても無意味であると言い切ってもいい。愛情豊かに接しましょう、自立させましょう、などというのはうわべだけ触れていればいい人たちのお題目に過ぎない。少なくとも私にとって、それはどのようなことなのかイメージすらできない。

来談する親たちはふた言目には言う。「自立させたい」と。

「自立させるって、具体的にどのようなことなのでしょうか」

「え〜っと、そうですね……まず自分が食べる分くらい自分で稼いでほしいってことでしょうか」

「じゃ、アルバイトでもいいからお金を稼いでほしいと」

「それだけじゃないですね、自分で生活してほしいですね。身の回りのこととか」

「じゃ家事とか掃除みたいなものを自分でやれればいいと」

「それだけじゃありません、やっぱり一人暮らしをして、そしてやりたいことをみつけてほしいです」

「じゃ、やりたいことをみつけて一人暮らしをして、家事も自分でやっていく、収入もあるということでしょうか」

「う〜ん、それだけじゃないですね、親を頼らないでほしいんですよ」……

といった具合に「自立」とはほんとうにあいまいで、おそろしく内容が欲張りであることがわかってくる。これらすべての欲望を「ジリツ」という三文字で言い表すことができるから、親や教師などにとってはこの上なく便利な言葉なのだろう。自立というメガネはむしろ子どもにとっては有害なのかもしれない。

それにかわるものとして提案したいのが「お金」と「権力」という視点＝メガネである。このメガネでとらえなおすことで、浮かび上がるものがあるはずだ。

「まず離れましょう」という提案

一九九〇年ごろをピークに日本のバブル経済が崩壊して、その後長い経済の低迷期に入った。それは二〇一六年の現在に至るまで続いている。九〇年代初頭に生まれた人はバブルを経験しておらず、むしろ低成長が常態であるという人生を送っており、青春期にかけてバブルを経験した人とはおそらく人生観まで違うのではないかと思う。

カウンセリングにおいても日本の経済状況は大きな影響を与える。八〇年代の半ばから、アディクションや引きこもりの子どもをもつ親の相談を受けていたが、なかには、子どもに暴力を振るわれ、放っておけば殺されかねないという深刻なケースもあった。当時の私は、そのような親に、子どもから離れることを提案していた。今でこそ、ＤＶの事例はまず被害者が加害者から逃げる＝離れることを指示するのが基本的対応となっているが、当時は親が子どもから離れるなどということはあまり考えられない対応だった。

場所が別々であれば、つまりその場に暴力の対象がいなければ、身体的な暴力は起こりえない。暴力を振るう子どもが親から離れるということはまずありえないので、親が離れるしかない。これが援助の基本的考えであった。とにかく目の前の危機をなくすという現実的対応だったのである。

アルコール依存症の場合も、飲んでいる本人を置いて妻が家を出たり、両親が協力して「これ以上あなたと暮らせません」ときちんと伝えて別居したり、させたりするといった方針をとることが多かった。物理的に距離をとることが、とりあえずの第一歩と考えていたのだ。

このような対応は、カウンセリングにおける「介入」（intervention）と呼ばれる。医療にたとえるなら外科手術的対応であり、問題を起こす「本人」ではなく、周囲の家族に働きかけることで状況に変動を起こし、結果的に本人が動かざるをえなくなるといった効果を目的としていた。

方向性はふたつ

本書でもしばしば登場する、問題行動をおこす子どもについて親がカウンセリングにくる場合を挙げよう。

「親が悪い」「自分がこうなったのはすべて親のせいだ」と言って暴れたり、家のガラスを割ったりする子どもは、たとえ親が説得したところでカウンセリングにくることはまずない。多くの親は、子どもががらっと変化して「僕が悪かった、カウンセリングに行ってみたい」と言うようになることを期待している。そんな妙案がどこかにあって、それを私たちが知っている、それを教えてほしくて、秘訣を知りたくて、高いカウンセリング料金を支払ってやってくるのだ。おわかりのように、そんなものはこの世のなかに存在しない。家族であっても、人間が人間に対して力ずくで強制することはできないし、頭のなかで考えていること、つまり子どもたちの人格を変化させることもできないからである。

残された方向性はふたつである。

ひとつは、あきらめて子どもの言いなりになる方向である。不思議なことにこの方針は、どれほど残酷な家庭内殺人が起きようと、苛烈な家庭内暴力の果てに親の子殺しが起きようと、ずっと支持され続けているのだ。

近年では、愛着障害という言葉が広がり、多くの問題行動を安易に愛着形成不全に帰する意見も見られる。その結果、子どもからどれほどひどいことを言われたり殴られたりしても、親はそれを受け止めて、全部受容していくことがよしとされる。カウンセリングに訪れる母親のなかには、そのような方針を数年間やってみたが、かえって本人の要求はエスカレートするいっぽうなので不安になってやってきたという人もいる。

もうひとつの方向は、親が子ども（といっても成人である）と距離をとるようにすることである。離れることに加えて、親子の二者関係に対して第三者をそこに入れる、つまり援助者が介入することの重要性を私は主張してきた。方向性を提示し具体的な行動プランを組み立てて、それに沿って親が行動するように提言してきた。そこには長年アディクション臨床において培った経験も大きいが、母親や父親に子どもから離れることを勧める方針は、実際に効果があったのだ。

距離をとるには、親の方が離れる（家を出る）か、子どもを家から出して一人暮らしをさせるかのふたつの方向がある。

生活保護受給の意味

とはいえ、子どもに一人暮らしをさせるといっても、経済力がなければ無理だろう。しかし、もともと学校も行けずアルバイトもできなかったのだから、一人暮らしをさせるためには生活保護を受けるという選択しかない。この方法には、親から離れて生活することに加えて、親への経済的依存をゼロにするというもうひとつの意味がある。

前者のもつ意味は果てしなく大きいことはいうまでもない。親と別々に暮らすだけで、摂食障害の症状が軽減するといった例は枚挙に暇がないほどだ。八〇年代にカウンセラーの卵として仕事を始めたころ、そのような事例に出会うたびに思ったことがある。母親と暮らさないだけで回復するということは、母は娘にとって有害な存在でしかないということか……と。その感慨は三〇年を経た現在まで続いているのだが、親子・夫婦を引き離すということのもたらす効果をカウンセリングをとおして実感してもいた。

後者である親からの経済的分離のもたらす意味は、前者とは少々異なる。親は意識しないかもしれないが、子どもは「親に養ってもらっている」「親の経済力によって自分が生きている」という事実を痛感しているものなのだ。それは一種の負債感につながっている。

本書に登場する多くの息子・娘たちが親を攻撃する裏側には、「親の経済力なくして生きられない」という、自分に対する憤りや自責が降り積もっている。それを図式化してみよう。

親の経済力がないと生きられない↓そんな情けない自分が口惜しい、恥ずかしい、なんてダメなんだ↓どうしてこんなになってしまったのか↓親が○○だったからだ、母親があんな無理解な男と結婚して自分を生んだからだ↓親は自分にあやまるべきだ、償うべきだ↓自分を一生養うべきだ……。こうして親への攻撃は延々と続くことになる。

三〇、四〇代になっても親を責め続けてお金を引き出そうとする男女は多い。介護の現場で働くケアマネージャーや介護福祉士の人たちの話を聞くと、高齢者虐待のかなりの割合がこのような無職の息子や娘たちによって行われている。

生活保護に移行することは、あまり知られていないが、娘や息子たちが親に対して抱く「親の負担になっている自分」という負債感をなくすことを意味する。いっぽうで親のほうは、無理をすればなんとかお金を工面できないわけでもないのにあの子を生活保護にまで追いやった、どんなことをしても面倒を見てやるべきではなかったのか、という罪悪感を抱くこともある。

このように、経済的援助や非援助をめぐって、子どもと親の双方に生じる負債感や罪悪感が、親子関係の諸問題の背景となっていることはあまりに多い。

しかし、生活保護費を受給しながら、使ってしまって残額がなくなると、親のところに行って脅してお金をせびるという問題も起きる。

それを防ぐためには、事前にその意味とルールを話し合っておかなければならない。カウンセラーと本人・家族、それに生活保護受給の理由となる疾病の診断を下す精神科医、さらに生活保護を所轄する福祉事務所のケースワーカーと少なくとも五名の共通合意が必要となる。

さまざまなアディクションや精神的障害ゆえに働く意思がありながら仕事ができない、だから治療に専念するために生活保護を受給するということ。かかわっている福祉事務所のケースワーカー、病院の医師、保健師、さらには家族全員が、本人の治療・回復を共通の目的とすることを確認するのだ。公的支援を受ける以上、親は一切の経済的援助をしないことなどを合意する。さらに治療の一環として、アディクションの場合は自助グループに参加するように伝えられる。かつては自助グループに参加した証明と引き換えに保護費を手渡しにするケースワーカーもいたほどである。

一般的にはさまざまな理由で生活がたちゆかない人たちを対象として支給される生活保護費を、本人の治療のために、そして家族と離れて生きるために積極的に利用するという方法が、すでに一九八〇年代から行われていたのである。

こうして彼ら彼女たちは、一定期間生活保護費を受給しながら、治療機関に通い（なかには交通費が支給される自治体もある）、自助グループに参加し、家族から離れて新しい人間関係を構築し、やがてアルバイトに就き、最後は仕事を見つけて経済的自立を果たし、生活保護を打ち切る。このようなプロセスに沿って歩むのだ。その道のりをたどることが、少なくとも九〇年代までは可能だった。今から思えばちょっと夢のようだし、なんて楽観視できた時代だったのかと思う。

自活が難しい時代

現代は労働人口のうち、非正規雇用が三分の一以上という時代である。構造改革、働き方を選べるというキャッチフレーズとともに、小泉政権以降、人材派遣という業態が広がった。私の職場のある原宿という街は、創業〇〇年といった古いお店はほとんどなく、流行の最先端を追い求め、一年もすると風景が変わるほどにスクラップ&ビルドが激しい。表参道を通りながら通勤する日々も三〇年を超えたが、街の風景や店舗、ビルの新築などの変遷は、バブル全盛から崩壊、その後のゆるやかな下降、長引く不況と低成長をそのまま表している。ある日、表参道の一等地にビルが完成し、その一階に携帯のS社が、その二階には人材派遣のP社が看板を掲げ、めぼしいテナントは外国の有名ブランドで埋め尽くされる……といった具合である。店舗の賃貸料が全国一といわれるエリアなので、どんな業種に勢いがあるかが一目瞭然なのだ。

利益が上らなければ一年も経たないうちに、新しい店に取って代わる光景も珍しくない。そこで働いているのは、ほとんどが派遣社員や契約社員である。

八〇年代後半には、ずっと引きこもっていた男性が路上の貼り紙を見てアルバイトを見つけることができたし、駅前のチラシ配りを経てステップアップしていく道筋があった。事務職でもどこか牧歌的な雰囲気が今から思えば残っていた。マクドナルドの店員のマニュアル化された対応がもの珍しく、新鮮に思えたほどだった。

就活におけるエントリーシート記入のコツを知っているか否かは、多くの若者にとって死活問題だという。履歴書を書く時のストレスは、高齢者である私でも二度とやりたくないと思うほどだ。経歴を書くというのは、どうしてあんなにストレスフルなのだろう。書きながら何度も心が折れそうになる。転職や求職のたびに書かなければならないとしたら、大きな負担に違いない。まして一定期間のブランクやなんらかの問題を抱えた人間が履歴書を書くのはどれほどの重荷だろう。そうやって採用されたとしても、正社員として自活できる道は現実的には非常にむずかしいのである。

海外で年の半分くらい仕事をしている女性が語った。「日本に戻ってくると世相というか東京の雰囲気の変化が手に取るようにわかるんです。今でも覚えてますが、衝撃的だったのは一九九九年から二〇〇〇年にかけての変化でしょうか。ＪＲに乗った時の空気が殺伐としていたんですよ。ガラッと変わってましたね」

正社員、契約、派遣、臨時といった、多様といえばあまりに美しいが、実は労働形態の格差付けが定着する時代に突入したときの空気は、このように鋭敏にキャッチされることがあるのだ。

一九九五年というターニングポイント

二〇一一年の三月一一日、東日本大震災が発生し同時に福島原発事故が起きた。いまだに被災地は復興途上であり、放射能汚染の問題も見えにくいかたちで未解決のままに過ぎている。多くの避難者のなかには戻ることをあきらめている人もいるという。

では3・11で日本はどう変わったのだろう。ひとことでは言えないが、大きな出来事が起きてからそれが変化を生み、波及していくのには長い時間がかかる。遡及的にたどって「ああ、あの時が」という時点をひとつのメルクマール、ジャンクションとしてとらえることで現在を照射し、影響を知ることが可能になる。

世界史的に見て大きな変動が集中的に起きたのは、一九九〇年前後だろう。ソ連崩壊に始まる冷戦構造の瓦解、日本ではバブル崩壊、昭和天皇の死去と平成の始まりなどである。しかし日本におけるターニングポイントは一九九五年だと私は考えている。

この年の一月一七日に阪神淡路大震災が起きた。神戸のような大都市でも震災によって多くの死者が出て建築物の倒壊が生じた。それまでの災害は、多くは物理的に測定できる被害を中心に支援されてきたが、初めて心的外傷（トラウマ）という精神的・心理的被害へのケアの必要性が訴えられたのである。それに加えて同年三月には、オウム真理教の犯罪と後にわかる地下鉄サリン事件も起きた。

また、「DV」という言葉も九五年に日本で初めて用いられるようになった。同年に北京で世界女性会議（アジア初の国連主催の女性の人権に関する世界会議）がひらかれ、これをきっかけに「親密な関係にある男性からの暴力をDVと呼ぶ」ようになり、DVという言葉が主として女性たちによって用いられるようになった。

森達也は、マスメディアが被害者という言葉を大きく扱うようになったのは一九九五年だという。それまで被害者と聞いて多くの人が思い浮かべるのは、犯罪や事件・事故の被害者であった。被害感情が日本全体を覆うようになり、国民が「被害」に親和性を抱くようになったのは、やはり阪神淡路大震災がきっかけだっただろう。

多くの報道機関が、テレビや新聞をとおして神戸の街が炎に包まれ、高速道路が崩壊した映像を流した。おそらくリアルタイムであのような規模の災害の光景がお茶の間に入ってきたのは、あの震災が最初だったのではないだろうか。ＤＶという言葉が注目されるようになった世界女性会議と阪神淡路大震災が同じ年だったのはまったくの偶然だが、被害者という言葉を介してつながっているといえよう。また地下鉄サリン事件は、加害者の姿が見えない無気味な犯罪として、誰もが被害者になりうる恐怖を与えた。

アダルト・チルドレン（ＡＣ）という言葉も、翌一九九六年には一種のブームとなって多くの人たちに知られることになった。「現在の自分の生きづらさが親との関係に起因すると認めた人」という定義だが、簡単にいえば、子どもが親の被害者であることを認める言葉である。ここでもまた、被害者とのつながりが生まれる。

このように一九九五年は、ＤＶやＡＣといった家族における被害、そして震災による甚大な被害、得体の知れない犯罪による被害という、三つの被害がクロスするという意味において大きな転換点だったと思われる。

もうひとつ付け加えるなら、一九九五年以降にインターネットが急速に普及したことがあげられよう。ＰＣでチャット機能を用いてあったこともない人とつながる、ブログをとおして自分の意見を不特定多数の人と共有できる、といった動きが若者を中心に生まれた。このことはアダルト・チルドレンという言葉の広がりと大きなつながりを持っている。

このようなさまざまな被害が表明化するに伴って、それまで隠れていた不平等や支配といった権力関係が露わになる。それまでは愛情によってつながっていたはずの家族における権力構造が、個別の家族における暴力や引きこもりの問題をとおしてはっきりと見えてくる。

本書のテーマである「お金」の問題は、家族における力の不平等、支配と不可分であり、その権力はお金という衣裳をまとって登場し、多くの人たちはそれを愛情に変換して理解するように求められるのだ。次節ではその点について述べることにする。

家族における権力関係への気づき

本書には親から距離を取りたいと考えても、自分の経済力のなさからそれをあきらめざるを得ない人たちが登場する。親から離れたいと思うことを肯定するためにアダルト・チルドレン（ＡＣ）という言葉が果たした役割は大きい。

私のデビュー作にあたるものは、五〇歳のときに著した『「アダルト・チルドレン」完全理解』（三五館、一九九六年）である。ＡＣはその年の流行語にもなり、多くの人に共有されることになった。

ＡＣという言葉が生んだもの

ＡＣという言葉がもたらしたものは大きいが、そのなかでも最大のポイントは、家族関係のなかに加害・被害があるということを、被害を受けてきた子どもの立場から宣言したことだった。いわば親から被害を受けた当事者による自己定義の言葉なのである。

先述の、自治体向けのアルコール依存症実態調査の例にも見られるように、長年、家族のなかには暴力など存在しないとされてきた。起きていると思わなければ見えないのが暴力である。例外は、一九七〇年代から注目された娘や息子が親を殴る、いわゆる「家庭内暴力」である。子どもが親を殴るといち早く暴力とみなされ、親が子どもを殴ったり夫が妻を殴ったりしても、それはしつけであり、当然の行為だとしかみなされなかった。

一九四五年の敗戦後、多くの男性が日本の家族に帰還したが、彼らが妻子に暴力を振るったことは想像に難くない。たとえばアメリカでは、ベトナム戦争が一九七五年に終結し、勝利できなかった多くの従軍兵士が大量に帰国した。彼らの一部はアルコール・薬物依存症となり、一部は精神を病んだ。妻や子どもに暴力を振るう人もいた。アメリカにおけるＤＶや虐待防止政策の大きな転換点が一九八〇年前後に起きていることは、それがどれほど深刻だったかを表している。それから類推しても、終戦後の日本の家族におけるＤＶや虐待の深刻さは推してしるべしだろう。敗戦後の混乱と生活苦によって、相対的に暴力を問題化することがなかっただけではないだろうか。

今一生の編集による『日本一醜い親への手紙』（メディアワークス、一九九七年）という本がある。インターネットなどで募集した手記を掲載したもので、私は選者の一人として参加した。「子どもが親を悪く言うなんてありえない」という常識が根強いなかにあって、これは画期的な本だった。

この本の解説文で、「ACという言葉は、親と子という権力関係をはじめて明らかにした」「親子は権力関係という視点で再定義されるべきだ。ACはマルキシズムとフェミニズムにつづくだろう」と述べた。マルキシズムは資本家と労働者の権力関係に注目し、フェミニズムは女性の立場から男女間の権力関係に注目した。同様に、ACは「親の情」「親の愛」「家族の絆」といった言葉のすりこみによって不可視化されてきた親子の権力関係を明らかにしたのだ。この点において、日本の家族史における画期的な言葉だという思いは今も変らない。

「個人」から「家族」へ

これまで私は多くをフェミニズムや女性学から学んできた。それはカウンセラーとしてというより、一人の女性として、結婚や出産を経験するなかで、自分の指針のひとつとして吸収してきたのだ。一九八〇年代、日本に第二波フェミニズムのうねりが押し寄せ、女性の生き方を女性の視点から考えることを促進する多くの書籍が生まれた。

当時私はアルコール依存症の女性に関心をもっていた。男性アルコール依存症者とは一九七〇年代からさまざまな場所で援助者としてかかわりをもってきたが、女性依存症者と出会う機会は少なかった。今から思えば、女性である私個人と仕事でかかわってきたアルコール依存症とを統合したいという欲望だったと思う。

その後アディクションを対象とする相談機関で仕事をすることになり、幸運にも女性のアルコール依存症者のグループやカウンセリングにかかわるようになった。そこで多くを学び、多くの経験を得たが、何より結婚生活において彼女たちがどのような苦しみや抑圧、葛藤を抱えながら生きてきたかを知り、そしてアルコールに依存することで、何とか結婚生活を生き延びてきたことを考えると胸が詰まる思いだった。

目の前の個人を対象とすることはカウンセリングの基本である。しかしその人が何歳か、男性か女性か、既婚か未婚かといった属性はもちろんのこと、これまでどのような人生を送ってきたかというストーリー・語りがその人を構成していることは忘れてはならない。

さまざまな心理療法の基礎はさまざまな人格に関する理論によって分化しており、なかには鋭く対立するものもある。臨床心理学というものは、大きな意味の心理学とは異なり、実際の心理療法やカウンセリングを基礎づける学問である。一般的な心理学はどちらかというと実験や調査に基づく科学的方法論を重視する傾向が強いということもあまり知られてはいない。さまざまな心理療法のなかには、家族と個人の関係を積極的にカウンセリングに生かしていく「家族療法」という流れがあるものの、多くはやはり個人を対象としており、家族関係そのものに問題意識の多くを割くわけではない。

女性のアルコール依存症者やアルコール依存症の夫に苦しむ妻たち、母親との関係に葛藤する摂食障害の女性たちなどと出会いながら、私の頭のなかで長い間、女性にとって「家族」とは何だろう、なぜ家族を離れては生きられないと考えられてきたのか、という疑問が絶えず点滅するのだった。

作られたものなら、変えることもできる

一九九九年、東大の上野千鶴子のゼミに一年間モグリの聴講生として通う機会が与えられた。通年のテーマは「近代家族論」だった。今から思えばよく忙しいなかを参加できたものだと思うが、あれほど勉強して楽しいと思ったことはなかった。

何より驚いたのは、ずっと万古不易と思ってきた家族とは、近代家族のことであり、それは明治以降に作られたものである、ということだった。そして毎年お盆に行くあのお墓。墓石を建てるのは、室町時代にできた習俗であったことも知った。その瞬間、本当に目からウロコが

落ちるような感覚に襲われたのである。そして思った、「そうか、家族が歴史的に作られたものなら、変えることもできるのだ」と。

そう気づいたとき、これまでの家族像にまつわる重さ、巨大な引力のようなものが一気に軽くなるような気がした。たかだか明治以降に作られたものであれば、それは今後変わっていくかもしれない。私たちにとって必要な家族はどのようなものかを考えることにこそ意味があるのではないかと思った。

では家族は不変というイメージの固定化に貢献してきたのは何か。それはメディアである。私たちは、動物や昆虫の生態をとりあげるテレビ番組を見続けてきた。昆虫が「愛し合い」、白熊が小熊を抱えている映像を見て、「動物や昆虫にも愛があるのになぜ人間は家族を虐待するのか？」と思うのは、ある意味当然のことだろう。こうしてたくみに「望ましい家族像」が、いつの間にか植えつけられてきたのである。

歴史をさかのぼってみても枚挙にいとまがない。たとえば明治政府はどうやって近代家族のイメージを国民に植えつけるかについて、さまざまな手立てを考えてきた。近代国家として日本を統治するのに、その最小単位である家族像をどのように刷り込むかは死活問題だったのだろう。今や世界でも珍しい存在となった戸籍法（明治四年制定）もこのような背景をもっている。そこから家長の存在と長男相続が生まれたのである。

ゼミでさまざまなことを学んだが、家族における力関係（力の非対称性）に注目するようになったことは最大のポイントである。体力面、社会的な面、いろいろな場面で女性と男性は非対称だ。国会議員の数、企業の幹部の割合、あらゆる習俗に残存する男性優位のしきたり、長年の国連勧告にもかかわらずいっこうに改まらない数々の法律などをとっても、男女不平等の現実は明らかである。その場合、弱者のほうにゲタを履かせることによって初めて公正（フェアネス）が保たれる。ボクシングや柔道に階級があるのは、同じ体重・体格で勝負をしなければ公正ではないという前提があるからだ。オリンピック競技も同じだ。夫が妻を殴るなら妻が殴り返せばいいではないか、という乱暴な意見は、体格と筋力において弱者である女性にとってどれほど男性の暴力が恐怖であるかを考慮していないと思う。

いっぽうで、男性・女性という二分法は粗雑であり、双方の特徴をいささかでも私たちは有していることも、女性学をとおして学んだ。完璧な男性も完璧な女性もいないのである。オーストラリアなどでは、男性・女性に加えてX《エックス》という性別を選ぶことができるが、残念ながら日本では生まれてからどちらかの性にアイデンティファイして生きざるを得ない。そのような社会的に構築された男らしさ・女らしさのことをジェンダーと呼ぶ。私は家族問題に注目する時、ジェンダーの視点を重要視するようになった。

カウンセリングから見えてくるもの

もうひとつ、家族をとらえなおすきっかけを与えてくれたのは、グループカウンセリングだった。個人カウンセリングはプライバシーに深く関わる一対一のやりとりでおこなわれるが、グループはそれとは少し違う。

HCCでは、以下のグループカウンセリングをおこなっている。

① 共依存のグループ（子どもが就職しない、引きこもり、暴力、ギャンブルや薬物の依存症など、子どもの問題で困っている母親によるグループ）
② DV被害者のグループ
③ ACのグループ
④ 父親のグループ

同じ問題系を共有するグループだからこそ見えてくるものがあり、それが家族問題をちがう視点で考える機会を与えてくれた。

カウンセリングの指針① 中立をめざさない

ACのカウンセリングを通して見えてきたことは、彼ら彼女たちの言葉は、親の立場に立って聞けばとんでもなくばかげているが、子どもの立場として聞けば非常にリアルだということだった。親の立場として聞くか、子どもの立場として聞くか。この二者択一しかない。そしてその二つは交わらないかもしれない。この冷徹な事実が見えてきたのだ。

よく精神療法の世界では、心理療法を実施する側は「passive neutral（受動的かつ中立的）」をもってあたれと言われる。クライエントの言うことをひたすら傾聴し、できるだけニュートラルでいることがよしとされてきたが、私はあえてそうはしてこなかった。

『マンガ　子ども虐待出口あり』（イラ姫との共著、講談社、二〇〇一年）という本に、私は「中立の立場に立つと、必ず権力者の耳になってしまう」と書いた。客観的中立的であろうとすると、力のある側、マジョリティーに寄ってしまうことの危険性をここで指摘した。極論すれば中立という立場はありえないのだ。実際に、カウンセリングで墓守娘の言葉を中立で聞こうとすると、必ず親の立場で聞いてしまうことをしばしば経験した。「女子大まで行かせてくれたお母さんのことを悪く言うなんて」「ここまでこれたのは親のおかげでしょう？」と。だが、娘の立ち位置に立とうとすると、娘の苦しみが伝わってくるのだ。

カウンセリングにおいては常に弱者の立場に立つ。目の前にいる人の立場に立つ。ただし目の前の人がもし誰かを傷つけていたら、そこにはいない、被害を受けている人の側に立つ。これが私の基本である。

カウンセリングの指針②　症状にとらわれない

もうひとつ、症状にとらわれないことを指針にしてきた。私たちカウンセラーは医師ではないので、もともと症状や診断名にとらわれる必要はない。もちろん症状に苦しんでいるクライエントはたくさんいる。強迫性障害で外出するまで一時間かかってしまう、という人もいる。どうやって改善するかについてはさまざまな支援が必要だが、忘れてはいけないのは、そこに「被害」という視点があるか否かである。

『人はなぜ依存症になるのか――自己治療としてのアディクション』（エドワード・J・カンツィアン、マーク・J・アルバニーズ著、松本俊彦訳、星和書店、二〇一三年）という本には、薬物依存やアルコール依存は、さまざまな被害を受けた人が自分で自分を治療するための行為であると書いてある。たとえば、サラリーマンが毎日赤提灯で酒を飲んでくだを巻くのは、散々会社から受けた「被害」を生きのびるためだ、と解釈できるだろう。すでに一九八〇年代から女性のアルコール依存症者のカウンセリングにおいて、「彼女たちはアルコールを飲むことで生きてこれた、アルコールがなかったらもっと重篤な問題が起きていただろうし、ひょっとして自殺の危険性すらあった」と考えてきた。そのような視点で依存症をとらえるという動きが再度浮上していることは望ましいと思われる。

このように、症状ではなく、背後にある「被害」に目を向けることが大事なのだ。夫の世話を生き甲斐のようにして、口うるさくまとわりつく女性たちをDV被害者としてとらえ直すと、とらえ方が変わることがある。症状を改善することと背景にある被害経験は、直接の結びつきはないかもしれない。しかし、「なくすべき」なのか、それとも「必要があって表れているのか」の両者のあいだには、クライエントへのまなざしにおいて、大きな違いがあることはおわかりだろう。

新自由主義の落とし子

最近カウンセリングに訪れる人たちに会いながら強く感じていることがある。それは読書する人が激減していることと関連しているのかもしれない。先日も某雑誌で東大生にアンケートした内容を読んで驚いた。最近読んだ本として挙げられているのが、多くは童話だったりヤングアダルトのジャンルだったりするのだ。コミックが本としてカウントされていたら、上位に来るだろう。

激しい受験競争の最初の関門は中学受験である。多くの子どもたちは大学入試につながるまでの長い勉強時間の大半をその時期に費やしている。ある女性は「現在の知識の大半は中学受験の○○研で学んだものだわ」と語った。

大学では一般教養的なカリキュラムが削られ、幅広く哲学から歴史までの知識を土台にするという人間像がすでに求められなくなっている。即戦力、コミュニケーション能力、自己主張的、目標設定に従って実行できる力、といったものが席巻するなかで、カウンセリングへの期待も変化しているのだ。

多くの若者たちは「方法」を知りたがる。そして原因を明確にひとつにしぼりたがる。まるでゲームのように、その構造が可視的である世界以外を知らない。

私の被害妄想かもしれないが、本書でも展開してきたような歴史的・社会的背景とともに問題をとらえる、それも根拠を示しながらという姿勢は、もう受け入れられないのかもしれないと思ったりする。講演する時も、私の語っている内容が難しすぎるのかもしれないという怯えがここ一〇年くらい私を襲う。四〇代以下の人たちとのこのような落差は、おそらく学校制度や受験のシステムの影響が大きいと思われるが、彼ら彼女たちがなんだかひどく単純な世界に住んでいる気がする。一方で自分を責めたり「自己評価が低い」「承認欲求が強い」と訴え、占いやスピリチュアルにすがったりするのである。専門外の言葉を用いるならば、グローバリゼーション（新自由主義）の徹底化の結果そのものであるように思われるのだ。

本書の中心であるお金の問題は、いつの時代も家族において大きなものでありつづけたはずだ。それはあくまでも経済的基盤を維持するというのが主眼にあった。金銭に回収できない価値・関係・楽しみや喜びは厳然としてあること、陳腐な格言だが「しあわせはお金では買えない」という意識が守られてきた。カウンセリングにおいてもお金のことを全面に出すことがはばかられてきたのは、このような価値観が前提になっていたからだ。

しかし新自由主義化の徹底、効率化、方法論重視（基礎理論軽視）、さらに社会の格差拡大、日本社会の今後への不安増大が重なって、お金という影のフィクサーが表舞台に出てきたのである。そのことを認めたくない人は多いだろう。お金に支配されているわけではないと思いたいからだ。

親子関係に起きている何より大きな変動は、親世代のほうがはるかにお金を持っているという事実がもたらしている。親孝行、子どもの恩返しといった言葉は、有名無実になりつつある。むしろ親がどこまで子ども世代を背負っていけるか、親がどこまで子どもの要求に応えるか・拒否するか、経済的依存ゆえに親から離れられない子ども世代はどうすればいいのかが問題なのだ。

いわば順列を成していた時代（子ども世代が親世代よりすべてにおいて優勢であること）は去ったのだ。次章では、その現実とともに、より具体的に家族のもつ課題に迫っていこう。

III 家族をとらえなおす

愛の幻想がついえた後に

時代とともに家族の変遷を見てきたが、家族観はどれだけ変わってきただろうか。

二〇一四年のＮＨＫ朝の連続テレビ小説『花子とアン』は、国民的現象とさえ言われた『あまちゃん』に勝るとも劣らない視聴率を誇った。主演の花子役よりも脇役陣が人気を博したのが特徴で、なかでも柳原白蓮（ドラマでは蓮子。以下、ドラマの登場人物は実在した人物名で記す）と結婚する炭鉱王・伊藤伝右衛門（ドラマでは嘉納伝助）役は、どちらかと言えば悪役キャラなのに、しり上がりに人気が高まった。

白蓮が「なぜ私と結婚されたのですか」と問うと、伝右衛門は即答する。

「身分と美貌だ」

このシーンが顰蹙《ひんしゅく》を買うどころか、多くの女性視聴者たちから支持されたのである。演じる吉田鋼太郎の演技力に負うところも大きかっただろうが、伝右衛門は財力にあかせて年下で身分の高い美貌の女性を金で買った男であるにもかかわらず、視聴者から「私だったら文句なんかないわ」といった反応が続出した。

テレビではその後にこう続く。

着物姿の白蓮（仲間由紀恵）は伝右衛門をキッとにらんで言う。

「そんなの本当の愛じゃないわ」

この台詞は、その後の白蓮駆け落ち事件につながる重要な役割を果たしているのだが、伝右衛門人気の前にはすっかり色あせてしまった。

金にものを言わせる男、女を足蹴にする男

尾崎紅葉の『金色夜叉』においては、主人公の貫一が、金持ちと結婚することになったお宮を高下駄で蹴り上げるのだが、今でいうならデートDVの典型ともいえるこの行為は、つい最近まで喝采を浴びていた。熱海の海岸にはお宮の松があり、その前で記念写真を撮ることが観光のお定まりになっていた。女性が金に目がくらめば蹴ってもいいという価値観が『金色夜叉』を有名にし、熱海を観光地化するのに一役買っていたのである。

金にものを言わせて女性を妻にする男と、金に目がくらんで貧しい男を棄てた女。前者は表

だって賞賛されずとも、男性が裸一貫でたたき上げで得た財力ゆえにそれをどう使おうと批判はされなかった。いっぽう後者は、金がないために女性に棄てられた男性の立場が共感を呼び、裏切った女性は蹴られても当然と考えられたのである。どちらを見ても、女性は人間扱いされておらず、明らかにジェンダー的バイアスがかかっている。

しかし、前者と同類である伝右衛門が横暴で無教養であるかのようにとらえられてきたのは、柳原白蓮の駆け落ち事件が大きな影響を与えている。贅沢な生活を棄てて若く志のある男性のもとに走ったのは、あのセリフのように「真実の愛を貫く」という姿勢の表れであった。彼女が「お金より愛情を」選択したことによって、金ですべてを支配しようとする伝右衛門はダーティなイメージを割り振られてきたのである。

ところが『花子とアン』が放映されてから、伝右衛門の評価はうなぎのぼりで、贅を尽くした伊藤伝右衛門の旧住居の見学者は、それまでの三倍に増えたという。朝の連ドラ効果、恐るべしである。

NHKの宣伝文句「恋愛に不器用な男」という、どこか『風と共に去りぬ』のレット・バトラーを思わせるキャラ設定と吉田鋼太郎効果もあるだろうが、背後に見て取れるのは女性たちの結婚観の変貌ではないだろうか。

白蓮を有名にした「駆け落ち」は、決して推奨されないものの、どこか純粋な愛を貫くという価値を含んでいた。当時世間を騒がせたスキャンダルだったというが、彼女が歌人として自己表現する手段をもっていたことが共感を呼んだのである。

しかし今では、駆け落ちという言葉は死語に近い。純粋な愛を貫くという言葉も、どこか恥ずかしくダサいものとして受け止められる。既婚者であれば不倫すればいいではないかと言われるのが関の山だ。

愛情と性と結婚を一体のものとする考え方をロマンティックラブイデオロギー（ＲＬＩ）という。もうＲＬＩは崩壊したと言われるようになって久しい。処女という言葉も死語となり、性的関係をもつことが必ずしも愛情の表れではなくなり、まして結婚を意味するわけでもない。愛・性・結婚の三位一体のイデオロギーが瓦解し、三つがバラバラになってきたことは、誰もが認めるだろう。

結婚は金である⁉

誤解してほしくないのだが、私はＲＬＩが望ましいと考えているわけではない。強固な三位一体がゆるんだことで、たとえばセックスレスであるがとても仲のいい夫婦の存在が肯定的に浮上する、事実婚的なカップルが増大する、といった現象が生まれるからだ。それに女性たちの結婚願望がなくなったわけではなく、婚活に多くのエネルギーを費やす人も多い。彼女たちを突き動かすものはなんだろう。おそらく、純愛幻想や愛の成就といった夢ではないだろう。とすればいったい何が作用しているのだろうか。

ＲＬＩのイデオロギー的なしばりや幻想が消褪することで、代わって浮上してきたものはお金ではないだろうか。

もともと結婚は（その言葉が誕生する以前から）、部族間の争いの調停であり、家の存続のためであり、もちろん女性にとっては生きるために必要な手段であった。嫁いで子どもを生まなければ女性として社会に居場所などなかったのである。そこに愛情という形のないあいまいな言葉など入る余地もなかったし、セックスといった言葉も必要ではなかった。

ＲＬＩの歴史については女性学において研究が蓄積されているので、ここで詳しく述べることは避けるが、簡単に言えば近代の家族制度を支えるイデオロギー装置のひとつであり、それは女性を家庭にしばりつける役割を果たしたと言われている。男性がＲＬＩをダブルスタンダードで信じてきたことは言うまでもない。愛を誓うかたほうで、浮気は男の甲斐性という常識は今でも根強く生きているからだ。

わずかながら女性にも経済力がつき、長男相続といった家制度のしばりもなくなったとすれば、ＲＬＩの幻想が崩れ去った後に残るのは、実にリアルなお金の問題なのである。結婚は生活保障の手段であり、家制度に代わって登場した社会の階層化という現実において、何とか転落しないで済むためのセキュリティ手段なのである。

そのことはかつてRLIが堅固だったころにも、女性たちの多くは結婚後に痛いほど思い知らされていた。しかし、表だってそれを口に出すことははばかられた。「お金のため」と認めることはみじめであり、恥ずかしいことだという矜持が生きていた。

イデオロギーの瓦解は、ためらい、恥ずかしさといったものを撤去し、あっけらかんとその奥にあるものを露呈させてしまったのである。身も蓋もない現実がそこには横たわっている。

冒頭の『花子とアン』に戻ると、伝右衛門への賛辞の背後には、あんなお金持ちなのに何の文句があるのか、愛情なんてそんなもの何の足しにもならない、といった女性たちの価値観が透けて見える気がする。

結婚はお金である。必要条件なのか十分条件なのかわからないが、それがなければどうしようもないのだ。このような冷徹な認識が、伝右衛門礼賛の後押しをしているのは間違いない。

現代の常識からすれば桁外れの財力なのだから、婚活で息切れしたり、夫と自分の収入を合計しても先が見えている女性たちからすれば、「それだけでもいいじゃん」ということなのかもしれない。このように夫婦関係が最終的にはお金の問題に回収されるということに対して、ここまでためらいがなくなったということは特筆すべきだろう。

もちろんそこには、バブル崩壊後から始まる長期的日本経済の低迷、近年明らかになってきた貧困化する家族の増大、非正規雇用の増大と将来の社会保障への不安といった社会的要因が、大きな影響を与えていることは間違いない。

ＤＶ被害者のグループカウンセリングにかかわっているが、夫と離れて別居したり、家庭裁判所の調停が不調となり裁判になったりすると、最終的にはお金の問題が前面に出てくる。妻の側に経済力があるかどうかが決定的な分れ道になるという事実を、いやというほど見せつけられてきた。経済力がないために、吐き気をもよおす夫と同居するしかない妻は珍しくないのである。

問題の起きた家族は、決して特殊ではなく「ふつう」とされる家族の基本的構造を拡大して示してくれる。とすればＤＶの夫婦の問題は、日本のふつうの夫婦をわかりやすく呈示しているのではないか。

家族にまつわる幻想とお金

ここまで述べてきたことは、夫婦という一対一の関係を想定しているが、そこに子どもが誕生すると様相は一変する。育児、教育といった次世代を見据えた家族運営が要請され、そこではむき出しの夫婦関係は修正を迫られる。

なかにはそのような修正を一切意識せず、幼い子どもを前に「人生最後は金だからね」「金や金や、稼がなあかんで」などと言い続ける親も珍しくはないが、それでも幼児教育や学校教育との接触によって、夫婦の価値は外部からの検証を受けることになる。

何より大きいのは、RLIがどれほど消褪したところで、家族愛、親子愛、母性愛といったもっと強固な幻想・イデオロギーが入り込んでくることである。

〝結婚はお金〟という価値観が、家族愛をはじめとするこれらの幻想とどのように混交するのかについても、注意深く検討する必要がある。

婚活している女性たちの親世代（母）は、RLIを信じて結婚した人々であったことを付け加えておきたい。団塊世代を中心とした六〇～七〇代の女性たちとRLIとの関係も注目すべきだろう。彼女たちの子育てと、アラフォー世代の娘たちの生育歴は深くつながっているはずである。

お金をめぐる家族の諸問題は、日本の家族の変貌、近代家族という視点、日本経済の成長鈍化といったファクターを加味しなければ、単に新奇で暴露的な現実の羅列になってしまう危険性がある。

マクロの社会・歴史的視点と、ミクロの家族の微細な関係性の双方に目配りすることを忘れてはならないと考えている。

高齢化社会の現実

ここで、家族の現在について考えてみよう。

家族はいつも変動してきた。だが、前述したように、一九九五年からの二〇年はとりわけ社会が大きく変わったのではないだろうか。阪神淡路大震災、東日本大震災、小泉内閣による規制緩和政策、派遣法改正、出生率の低下、高齢化の進行……こういったことによって家族が大きな影響を受けてきたことは明らかである。不況もすすみ、手取り月収二〇万円の仕事につくことが至難の業になっている。

また一〇〇歳以上の高齢者が六万人を超えたことも話題になった。七〇代、時には八〇代になっても「子ども」の役割がなくならないのである。これに対して博報堂は「総子化」の時代という絶妙のネーミングで、現在の状況を切りとってみせた。

母娘問題のひとつの背景として、いつまでも母が健在であることがあげられるが、平均寿命が七〇代だったころは、七〇歳の親を四〇歳の子どもが見送れば、その先自分は一〇代の子どもの親でいるだけでよかった。高齢化現象は、夫婦・親子の老々介護という手間暇の問題だけでなく、家族関係の変化にもつながる。親が長生きし、子どもがいつまでも子どもでいなくてはならないときに、二〇歳の成人式が自立する目安になるだろうか。本書でも何例も登場する、三〇代になっても親の庇護のもとで生きる、四〇代でも親の経済力に依存するという例は珍しくない。さらに祖父母の影響力は孫にまでおよんでおり、孫による祖父母殺しは今後増加するだろう。

このように前代未聞の事態が家族において起きているにも関わらず、家族に関する常識は変わらないままだ。「家族の絆」「親の情」……といった言葉をメディアが連呼し、家族もののテレビドラマではどんなにいがみあっていても、最後に和解するのが定番だ。こうして家族の美化という幻想は守られている。首都圏に限っていえば、単身世帯が三人に一人という現実があるのに、なぜかそれはドラマの主たる題材にならない。

母娘関係についてはどうか。

「子どもを生むなら男女どっちがいい？」という質問に対する人々の答えが、八〇年代から変わってきた。それまでは「男の子」が多かった。老後を経済的に保証してくれる存在として、息子は期待されていたのだろう。とりわけ母親は長男となれば優遇する傾向にあった。

ところが、八〇年代の半ばになって、「女の子がほしい」という声が多くなってくる。「将来の介護要員」としては娘のほうがどうもいいらしい、ということになる。生むなら女の子という声が多いのは、東アジアでは日本だけという説もある。八〇年代に生まれた娘たちは今、二〇〜三〇代。拙著『母が重くてたまらない』（春秋社）が広く読まれている世代でもあるが、墓守娘たちの存在が顕在化したのは時代背景ともつながっているのではないか。

家族内格差

現代の高齢者は経済力がある。二〇一五年に明らかになった振り込め詐欺などの特殊詐欺の被害額が全国で五五〇億円にのぼったという。それだけの金額が、銀行とタンスに眠っていたのだ。詐欺被害に遭う人たち、六〇歳以上の高齢者がいかに経済力をもっているかを示す数字だ。なぜ彼らはそんなにお金を貯めこんでいるのか。どうして人生を享受するために消費にまわさないのだろうか。日本の窮乏期を知っているがゆえに、保険として、安心感の保障として貯めているのか。それとも家族に頼らないために老後の介護資金として貯めているのか。最後はお金しか信じられるものがないからなのか。

いずれにしても国の老後の保障への不信、家族からの無償のケアなど期待できないという不信が、あのような巨額の被害額のうしろから透けて見える気がする。最初はオレオレ詐欺と呼ばれたように、息子、時には孫（それも声を聞き違えるほど疎遠になっている）への情を巧みに利用したところから出発している点も、実に綿密に「市場調査」されていると思わざるを得ない。

七〇歳以上の高齢者たちは、日本経済の成長期の恩恵を最も受けている世代である。彼らは経済的に子どもに依存できるなどと思ってもいない。彼らが二〇代だったころは、子どもは親を超えることがやすやすとできたし、そのぶん親を経済的に支えることは当たり前だった。言ってみれば、団塊世代前後の高齢者たちは、親の面倒を見て、子どもへの経済的負担をし続けている世代ということもできる。

そんな世代の女性は、「夫はどうせ自分より先に逝くだろう」と踏んでいるので、老後に期待するものは、養ってもらう息子ではなく、心理的な支え手、介護要員としての娘なのである。娘に対して結婚しなくていいからそばにいてほしいと思う人もいるようだ。このような親の側の、同居してそばにいてほしい、せいぜいスープの冷めない距離にいてほしいという精神的ケア（さみしさを埋める）への渇望が、子ども世代に対する一種の飼い殺し現象につながっているのではないだろうか。

本書の「はじめに」において、親子別居で問題は解決すると信じられた時代は終わったと述べた。

なぜなら簡単に子どもを家から出すことはできなくなってしまったからだ。家から出したところでその先がない。働いた経験のない若者を受け入れる職場は減り、最悪は貧困状態におちいってホームレスになってしまう場合もある。

二〇〇七年に、ある視察でカナダのバンクーバーに行った時、驚いたことがあった。路上で横になっていたり、タバコの吸い殻を拾っているホームレスのほとんどが二〇代から三〇代の若者だったからだ。彼らの多くは仕事にあぶれ、時には薬物に依存しながら帰る家を持たずに町で暮らしている。こういうことがなぜ起きてしまうのか。よく言われることだが、欧米では二〇歳をすぎた子どもは自活させるために、とにかく家を出すのだという。それはいわば常識にもなり、子どもの自立を促進するとも考えられている。そんな国で起きている若者のホームレス化を目撃した時、日本でも、親子を別居させて自立、問題解決を図る方法はもう使えないのではないかと直観したのである。

「底つき」という言葉をご存じだろうか。依存症の臨床ではよく使う言葉で、何も援助をせずケアを撤去して放っておけば、いつか底をついて薬物やお酒をやめるだろうという考え方である。アルコール依存症の自助グループであるＡＡ（アルコホーリクス・アノニマス）で使われるようになったこの言葉は、酒をやめて生き延びた人たちが、事後的に回想しながら「あれが底つきだった」と語ることで生まれた。しかし彼らの背後には、底をついてそのまま死んでいった膨大な数のアルコール依存症者が存在する。九〇年代まで日本のアルコール依存症の治療では支持されていたが、その後は底つきを待っていて本人が死んだら援助者に責任はないのかという議論が起こり、その結果、底つきではなく、底をつく前に本人の治療動機を高めるような働きかけの必要が叫ばれるようになっている。

それと同じく、親子を別居させたら子どもは何とかやっていくだろう、親の援助・ケアをなくすことが自立の近道であるという考えには、再検討の余地があるだろう。

そうすると、親はどこまで子どもの面倒を見るかという問いが生まれる。ゼロか一〇〇かという判断はそれほど難しくない。べったり面倒を見るか、完全に放り出すかという二者択一ではなく、その中間、どちらにも決められない曖昧な対応こそが必要なのである。いつまで子どもにお金の援助をするか、援助額をどうやって減らす（増やす）か、といった細かい見極めである。しかしそれは本当に難しい。定式化することができず、個別対応に果てしなく近くなってしまうからだ。私たちが実施している共依存のグループカウンセリングでも、それは難題中の難題だと感じている。

かつては自信をもって「別居しましょう」と言えた。お金は絶対出してはいけないと言えた。なんていい時代だったのかと思う。カウンセラーとして、自信をもって方針を提示できるほど楽なことはない。今では、グループで口ごもりながら、曖昧で中途半端な方針を伝えるのが通例となった。それぞれの個別性に即した提案が求められ、一筋縄ではいかなくなってきているからだ。

子どもは親の懐事情を知っている

ネット上の広告は誇張されているので信じないという人が多い。私もそう思っていたのだが、ある日「あなたの実家の資産を査定します」という宣伝を見て驚いた。ネットの世界はいち早く世相を反映しているのではないか。若者の貧困化が言われるなかで、派遣労働をめぐる状況が変わる希望もないとすれば、たとえわずかであっても、親が亡くなったあとの遺産相続をあてにするのは不思議ではないだろう。口に出すか出さないかは別として、相続税も含めていったい自分にいくら入るのだろうと考えない若者はいないはずだ。その手の広告が増えていることは、若者に経済的見通しがないことのひとつの表れだと思う。

親が想像するほど子どもたちは無知ではない。おそらく両親の経済力、将来の年金額、現在の住まいの評価額などはとっくに把握していると考えても不思議ではない。

お金を出すのは父か母か、どちらが自分に甘いかもよくわかっている。もちろん両親の関係性についても幼いころから一番身近に見てきたから、すべてを把握している。

多くの場合、子どもの問題でカウンセリングに訪れるのは、母親だ。父親は無関心をきめこんでいるか、「おまえが過保護にしたせいだ」「子育てもろくに出来ないのか、俺はおまえたちを養っているのに」と妻に責任転嫁しているタイプが少なくない。そのような夫に対して、妻は日々、怒りを蓄積させている。特に引きこもりの場合、両親の協力が解決の第一歩であるといわれるが、じつはこれほど難しいこともないのだ。多くの母親たちは、夫を抜きにして（いないものとして）何とか自分の力だけで解決できないものか、と考えている。彼女たちにしてみれば、息子への対処に努力するほうが、あの夫との協力を作り上げるよりはるかに容易なのである。

本書にもしばしば登場する、子どもたちから親への謝罪要求の言葉は、おそろしく似ている。フォーマットどおりであり、それほどバラエティに富んでいるわけでもない。

「生めといったおぼえはない。勝手に生んだんだろ」「あんな男と結婚したお前が悪い」「これまでの人生はすべて無駄だった、お前のせいだから賠償しろ」「精神科を受診させられ勝手に精神病扱いした、損害賠償金を振り込め」「土下座しろ」「あやまれ」「じっとして俺の話を聞け」「家の周りを一〇周しろ」……

といった具合である。このような言葉とともに、謝罪は、最終的には金銭要求へと収束していく。責められる親たちは恐怖のなかで、唯々諾々と子どもに従う。脅されて子どもの口座にお金を振り込む親もいる。興味深いのは、「賠償金」の要求額の相場がだいたい決まっていることである。九〇年代は五〇〇〇万円だったが、今はせいぜいが一〇〇〇万円ほどである。何億円といった非現実的な額を要求する子どもたちはいない。経済的不況のなか、現実的にいくらなら払えるのかを知っているのだ。このように、自分の親の経済力を子どもはかなり正確に把握している。

資本主義社会の論理

彼ら彼女たちに何が起きているのか。あふれ出るような怒り、どうしようもなく母親を責めたくなる衝動は、こんな自分を抹殺したい、生きていることを否定したくなるという衝動と同時に起きている。何とか死なないで生きることと母（親）を責めることとは、同義なのである。

親たちは暴力を振るわれ、日々無理な要求をされるたびに、あやまるのだ。数えきれない回数の「ごめんなさい」を伝え、子どもを「ふつう」に戻すためにがんばって「反省」をしてみる。しかしそれが付け焼刃であることが、それ以降も続く日常生活において本人に見破られてしまう。逆上した息子や娘によってさらに責められることになるのだが、最終的には「本当に悪かったと思うなら、それを証明しろ」というロジックで、お金を要求されるようになる。親の言葉は信じられないが、彼らの一番の弱点はお金であることがよくわかっているので、ずっとお金を要求し続ける娘（息子）もいる。「同情するなら金をくれ」というテレビドラマのセリフがあったが、あやまるのなら金を出せ、というわけである。

子どもたちにとって、愛情はお金と同義である。こう断定するとあまりに殺伐としているように感じられるかもしれない。愛情はお金では買えないとよく言われるからだ。でもそこに至るまでのプロセスを考えると胸が痛む。

よくある父親の姿は、こういうものだ。子どもに何か言われると、面倒くさいからお金を差し出してその場をやりすごそうとする。引きこもりの息子に対して何の努力もしなかったのに、定年退職後にゴルフの会員権を与えて、毎日いっしょにゴルフに行こうという。息子の血がにじむような抗議の言葉をじっと聞いていて、「それで何が望みなんだ?」と言ったり、「資格をとるためならいくらでも金は出してやる」という。

このような父はこれぞ愛情と思っているのだろう。企業で働いたり、組織の一員として生きていくうちに、お金を出すことは愛情という価値観が空気のように当たり前になってしまう。

お金と愛情がこのように結びつくことを商品化というなら、愛情の商品化であり、お金を出さない＝愛情がないという奇妙な論理が家族を支配しているとも言える。

まさに資本主義社会の論理が家族関係、家族の愛情までも貫徹しているということではないだろうか。

富める世代は後ろめたい

自分の言動がまぎれもなく愛情に基づくと考えている父親たちは、「正社員になって当たり前だろう」「努力こそが人生の基本」といった価値観にこりかたまっていながら、実は後ろめたいのだ。子どもより自分のほうがはるかに豊かであるということを知っているからである（本書にもそのような父親が登場する）。

ローンを組めば郊外に一戸建て住宅を建てられたり、マンションを所有できたりしたが、子ども世代にとっては夢のまた夢である。それゆえ、心のどこかで自分の得た豊かさを分けなければならない、持てるもののない子どもを金銭的に援助するのは当然だ、という気持ちがはたらく。

このような後ろめたさもあって、親は子どもに言われるままお金を出す。こうして「お金を与えることは愛情だ」という考え方は、親子双方においてどんどん強化されていく。最悪の場合は、子どもが親を責める↓親にお金をせびる↓親がお金を出す↓子どもの問題が深刻化する↓子どもがさらに親を責める、という悪循環が生じ、やがて子どもは親の財産を食いつぶしたり、暴力と要求が一体化したりして事件化することになる。

子どもは親の財産を正確に把握していると先に説明した。

一生懸命働いている若者ばかりではない。では半引きこもり状態の若者たちは働きたくないのだろうか？　そうではない。どれだけがんばろうが、アルバイトで食いつなごうが、生涯賃金は見えている。結婚はできない。子どもなど持てない。子どもができても大学に行かせられないかもしれない。それに人間関係をうまく持てない自分にはアルバイトすら満足にできないかもしれない。このようにあらゆる場面で自信を失った若者たちは、自分にも社会にも希望が抱けないからこそ、引きこもるしかないのである。

今、介護の現場では、未婚の中高年の息子・娘と、高齢の母親という組み合わせが増えている。親の年金だけが収入源である世帯も珍しくない。親が死亡しても届け出ず、死後一年以上経ってから白骨化した遺体が発見されるという事件も珍しくない。

「お母さん、最低でも九〇歳まで死なないで下さい」という子どもたちは言う。自分の年金受給開始が六五歳だからである。年金をもらえるまで、親には生きてもらわないとたちゆかない、ということなのだ。

家族関係の貧困化

ところで、これからは、良い意味でも悪い意味でも、祖父母と孫の関係が変わってくるだろう。お金を持っている祖父母がさまざまな場面で口を出し、親世代が文句を言えない事態がやってくる。

階層化社会に伴う少数精鋭化・弱肉強食化がさらに激しくなることで、少ない正社員・エリート指定席をめぐって熾烈な戦いが繰り広げられる。とりわけ小さい子どもへの教育虐待はますます深刻化するだろう。教育虐待とは、教育熱心な親による、殴る蹴るから、言葉や心理的な虐待までを含んだ暴力を指す。

大都市を中心に民間団体による子どものためのシェルターが設営されているが、そこに逃げてくる子どもたちの多くは、教育虐待の被害者であるという。夜遊びしないようにと親が娘を勉強部屋に鎖で繋ぐ、父親が娘をなぐり、髪をつかんで勉強させる、というような事例は珍しくない。ACのグループカウンセリングに参加している四〇代の女性たちの多くが、小学校時代を過ごした八〇年代に激しい教育虐待を受けている。日本経済がバブルに向けて突き進むなか、出来のいい娘は親にとって有益な資本となった。つばを飲み込む暇があれば勉強しなさいと言われ、学校が終わっても塾に行き、その塾のための家庭教師が週三回はりつくという生活を送り、点数が悪いと蹴り上げられ……。

たっぷり教育にお金が注がれた子どもと、生活保護の暮らしのなかで親に虐待された子どもが、同じシェルターに入っているのが現状だ。このように、未成年の時点で二極化される事態が今後さらにすすみ、その格差は広がっていくことが予想される。

子どもの貧困率は、日本は六人に一人という調査結果が出された。子どもにおける格差は、親の経済的格差がそのまま映し出されるのである。給食費が払えない、制服やカバンを購入してもらえない子どもたちも多く、ボランティアが食堂を開き、満足に食事が摂れない子どもたちを支援する動きも広がっている。

格差は、実は妊娠・出産・育児といった周産期や新生児期にもすでに表れている。産婦人科では、突然の受診から出産に至る女性の存在が問題になっている。つまりそれまで一度も検診を受けずに、母子手帳の交付も受けずに出産を迎える女性がこれまで以上に多いのである。彼女たちの一部は、無事出産したと思うと、産後三～四日後に突然いなくなってしまう。いわば「産み捨て」状態なのだ。産院としては、記された名前が偽名で住所も不定であれば親を探しようもなく、その新生児は一定程度経ってから乳児院に引き取られることになる。女子高生がトイレで出産したといった事件が報道されると、多くの人たちは驚き、どうして親は気づかなかったのだろう、と嘆く。ひとりの人間がこの世に誕生するという、誰からも祝福されるべき出産をめぐっても、残酷な格差を生み出すことになる。

格差社会化は、富裕層と貧困層の経済的二極化と同時に、家族関係の貧困化も生み出すのだ。そこでは親は子どもの考えや感情に関心を持つ余裕もなく、自分たちの生活の維持に必死だ。暴力や暴言は日常化し、父から母へのDVも常態化し、離婚・再婚も頻繁に起きて複雑な家族関係が生じる。父親が義父であることもしばしばで、連れ子が娘であれば義父からの性虐待がかなり高い確率で生じる。父の子どもを妊娠する娘も珍しくない。

また自宅が安全な居場所でなくなった子どもたちは、家族の外にアジール（避難所）、居場所めいたものを求め、そこにたむろし、性関係を結ぶ。具体的な性教育もなされないままに一〇代の男女が性関係を繰り返し、誰が父親か不明な妊娠も起きる。このような家族が、大都市・地方都市にかかわりなく膨大な層として広がっている。

たしかにこれまでも貧困層は存在していたし、幼少期から生活費もままならないなかで育つ子どもは多かった。しかし社会が流動的であり、チャンスと努力しだいでは何とか階層をアップすることができた時代は、まだ希望があったといえる。現代でもそんな希望がないわけではないが、日本を襲っているのは格差社会化とその背景になっている経済の低迷である。アジアの盟主としてトップを走ってきた日本は、いまや中国に抜かれ、インドやインドネシア、タイなどの追い上げによって今後のかじ取りが難しくなっている。活力を失い流動性を失った日本で、どのような希望を持っていけばいいのか。そこまで言及する資格も能力もない私だが、家族がどのような場であればいいのか、そしてどのような希望を胚胎できるのかは、今こそ問われているのではないだろうか。

いくつかの提言——必要なのは絆や愛ではなく、お金に対するルール形成

こうやって現状を俯瞰してみると殺伐とした気分になってくるが、嘆いているだけでは意味がない。いつの時代のどんな時でも、家族というものは何らかの問題を抱えてきたのだ。そして私たちカウンセラーは、困っている人たちのために存在する。これまでの経験から、未来へとつなぐヒントのようなものが見えてくるかもしれない。いくつかのアングルから、私なりの具体的な提言を試みよう。

アルコール・薬物依存症者への対応

今ではあまり聞かなくなったが、アルコール依存症の治療の現場において「一〇〇円亭主」という言葉が使われたことがあった。妻から毎朝一〇〇円をもらって出勤するサラリーマンを

指しているのではない。一九八〇年代から九〇年代にかけて、あるアルコール依存症専門病院で、患者の退院時にお金について指導を行ったのだ。その一つに、すべてのお金の管理を妻に任せ、毎日一〇〇円しか夫に持たせないようにするという試みがあった。もちろん大前提として、本人も断酒をしてアルコール依存症から回復したいと思っており、妻とその点について合意していなければならない。

飲んだくれて入院したとはいえ、当時やっぱり夫は一家の大黒柱だったし、定年後は年金も入った。それなのに金銭を持たせないのはなぜなのだろう。答えはあまりにシンプルだ。「お金があれば飲んでしまう」からだ。一〇〇円という金額ではアルコールは買えないということに意味があった。

お酒を買うにはお金が要る、お金がなければ酒を買えない、酒をやめざるを得ないという単純な話なのだ。アルコール依存症という病気そのものが、とりあえず酒を飲まなければいいのであって、断酒という明快な目標を掲げた実にシンプルな構造から成り立っている。そのことと「金を出さない」というシンプルさとはつながっている気がする。

当時は携帯電話というものがなく、彼らは一〇〇円だけもらって歩いて断酒会に行き、何かあったら公衆電話で妻に連絡をすることになっていた。それが退院直後からの日課だった。そうやって飲酒しない日を積み重ねていくのだ。しかしすべての人がこの方法で断酒できたわけではない。

　なかには、近所の墓地に夜間忍び込み、墓石に供えてある日本酒を飲んだという人もいた。そこには酒好きで有名だった作家の墓があり、一年中ファンが訪れては日本酒を供えていた。妻が一〇〇円しかくれないことで暴力をふるう例も絶えなかった。一番多かったのは、飲食店でビールや日本酒をさんざん飲んだ挙句に、「金がない」といって警察に突き出される方法だ。警察から妻に連絡が入れば、妻は迎えに行き、店に酒代を払わざるを得ない。これを何度もやられると、結局妻も一〇〇円亭主路線をあきらめてしまうのだった。

　聞く人が聞いたらなんて非人間的で、強制的な方法と思われるかもしれないが、再飲酒することで生じる生命の危機や家族への影響を考えると、このような策を講じることに当時一定の合意が得られていたのである。妻ががんばって一〇〇円しか渡さないようにしたことで、酒がやめられた男性が大勢いたのも事実だった。

　八〇年代から九〇年代前半にかけて、カウンセリングでこれに類した対応を提案していた。アルコール依存症の夫、主治医、担当カウンセラー、そして妻の全員が合意して、一日の小遣いの額を決め、それ以外は一切持たせず与えずという方針に徹したのだ。最初は酒をやめなければ仕事を失うかもしれないという危機感から夫も必死に頑張るのだが、二週間を過ぎたあたりから、夫が例外を要求しだす。「仕事に復帰するために読まなければならない本があるので買いたい」「断酒会に出席するための経路を変えたい。交通費が今のままでは足りない」という具合である。

断酒を維持継続するためには自助グループ（断酒会やAA）への参加が欠かせないが、そのために必要最低限の金額を厳守することが、再飲酒するかどうかの分かれ目となる。お金があるが使わないようにするには何が必要か。それはある種の意志と判断である。ところがお金がないから使えないという時に、意志は必要ではない。選択の余地がないからだ。このように依存症者の行動変容を目指す場合には、それ以外の可能性（断酒会に参加しない）をゼロにして、そうするしかないという方向性に本人を追い込んでいくことが必要となる。まるで動物の調教のようだと言えなくもないが、一定の期間このようにして酒をやめることで命がつながる人もいるのだ。可能性の多くはお金によってもたらされる。だからお金を持たせない（最低額しか持たせない）のである。

なかにはお金を要求する際にさまざまな脅しをかけてくる人もいる。その多くは自殺するという脅しか、暴力による脅しのいずれかである。ギャンブル依存症の場合は、現金を渡してくれなければ死ぬ、妻が現金をくれなかったために消費者金融への返済が滞ってしまい社会的生命が絶たれる、妻を恨んでこれから自殺する、と電話をかけてくる男性が多い。携帯越しに踏み切りがカンカンとなる音が聞こえてきたり、今、富士の樹海にいると言って最寄の駅の写真をＬＩＮＥで送ってきたりする。そのような連絡をしてきた男性で実際に自殺を決行したという事例は経験したことがないのだが。

アルコール依存症や薬物依存症の場合は、机を壊したり、物を壊したりといった脅しも多く、なかには直接的身体的暴力をふるう場合もある。多くの母・妻たちは殴られる以前に怯えてしまい、言われるままにお金を出してしまうのだ。

薬物依存症の場合は、薬物を入手するにはアルコールよりもはるかに金が要り、依存症者の年齢層も低いために、妻（配偶者）よりも親の来談が多く、そのほとんどが母親である。また覚醒剤のような違法薬物の場合は医療よりも警察の関与のほうが多いので様相が変わってくる。

違法薬物の場合は、心を鬼にして親が警察に通報することで一応の区切りがつくが、どんな薬物を使用しているか不明な場合は、とりあえずお金を渡さないようにすることが重要だ。実際にカウンセリングに訪れる母親たちは、すでにかなりの金額を子どものために注ぎ込んでいる。彼女たちは喜んでお金を出してきたわけではない。「何に使うの」「ヘンなことに使ってないでしょうね」といった文句を付け加えながら、出し渋りながらも結果としてずるずるお金を出し続けてきたのである。

依存症における家族の対応にそれほど秘策があるわけではないが、良い結果が出ない対応だけははっきりしている。ずるずるとお金を出し続けることはそのひとつである。「もうお金なんかありませんからね」「うちはもうすっからかんなのよ」などと言っておいて、最後はお金を出す。多くの母親（時には父親）はこのようにやすやすと前言を撤回してしまう。子どもが小さいころには「嘘をついてはいけません」としつけたはずの親が、結果的に嘘をつくのだ。問題が深刻化した家族において、言葉の持つ信憑性はどんどん薄らいでいき、吹けば飛ぶ紙きれのようになっていく。

親だってそれが望ましいと思っているわけではないだろうが、ずるずると金を出し続けることは、親の対応の一貫性のなさに通じる。子どもにとって、それは必死に金を引き出そうとする試みが成功したことを意味するのだ。薬物依存症者にとって、薬への渇望（クレービング）は耐え難いほど強烈で、それが切れそうになったときの不安と恐怖は耐え難いものがある。また完全に断薬してからも、一定の周期で渇望が襲う。その時の焦燥感のことを「要求が入る」と依存症者は表現する。

しかし薬を手に入れるには金が要る。金を持っているのは自分ではなく、親である。親からどうやってお金を引き出せるかは、彼ら（彼女たち）にとって死活問題なのだ。しばしば「嘘をつく」「親をだます」行為としてとらえられがちだが、おそらく生きるか死ぬかのぎりぎりの必死さが生み出す言動なのである。

お金を出すことを拒絶する親を殴ったり、灯油の缶を右手にライターを左手に持ち、あと一万円出さなければ火を付けると言って脅したりする例もある。時には、「死ぬ」、「強盗に入る」、「電車に飛び込む」という脅しも珍しくない。ところが暴力的強制や脅しが無効であると知ると、今度は一転して親を責め始める。

「私の人生をだめにしたのは誰なんだ、小さいころから信じてくれたことなんて一度もないじゃないか」「俺だってこんなこと、したくてしてんじゃないよ、俺の苦しみをわかろうとしたことなんてなかったじゃないか！」

こういった全身全霊を傾けたお金を引き出すための行動に抗うのは至難の技である。母親にしてみれば、「わかったわ」と言って乞われるままにお金を出したほうが、はるかに簡単で苦痛も少ない。

母親にお金を出させるには、このように「責める」ことも有効である。薬物依存症に限らず、摂食障害や引きこもりなどもそうだが、自分がみじめだ、死にたいという泣き落としよりも、殴るぞという脅しよりも、母親の育児に対する罪悪感を刺激した方がずっと成功する確率は高い。どの親も子育てに一〇〇パーセントの自信など持っていないからだ。育児に意識的であり、子育てに一生懸命であった親ほど、子どもに対してわずかながらの罪悪感や不全感を抱いているものだ。

子どもに責められる親は、言い換えれば「責め甲斐」がある親と言える。もし親に質の高い低いがあるとすれば、質の高い親ほど責められることになる。いっぽうで、子どもが自分を責めようものなら、頭ごなしに全否定して逆切れする親だっている。子どもを理解しようという姿勢が皆無なのだ。あえて前者より質が低いと表現したが、そんな親を、子どもは責めたりなんかしない。金銭を出させるという効果が見込めないからだ。

また、お金のない親に対しても、子どもは請求しないものだ。先述したように、不思議と親の経済力を子どもは正確に把握している。ない袖は振れないことをよく知っているからだ。請求額もちゃんと親が出せる金額になっている。法外な金額を吹っかけられることがほとんどないのは、必要に迫られたきわめて現実的な要求であることを示している。まるで春闘の労使交渉のようにも思える。妥結する可能性のない賃上げを要求しても無意味なことは言うまでもない。

だから親は、「お金なんかないわ」「そんなお金は我が家にはない」などと嘘をついてはならない。すでに子どもは親の財力を査定しているからだ。

お金がある・ない、出せる・出せないではなく、親は別の根拠を示すことで言語化し、伝えなければならない。

「私たち親はあなたが薬物依存症だと思っています。何より望んでいるのはあなたが依存症から回復することです。あなたが治療機関につながるためのお金なら出すことはできます。しかし薬物を手に入れるためのお金であれば、それは依存症を悪化させることにつながるでしょう。だからそのようなお金を出すことはできません」

といった内容を両親そろって伝えるのである。明快な口調で、親の覚悟を示すためにゆっくりとはっきりと発言する。薬物依存症を摂食障害や他の依存症で置き換えることで、この言葉は広く応用可能である。

論点はいくつかある。まず本人の言いなりにお金を出すことがかえって依存症を悪化させてしまうという点だ。これはイネーブラー、イネーブリングと呼ばれ、アルコール依存症の家族の対応ではよく知られた言葉である。

「夫が酒を飲まないために見張っています」「二日酔いの夫のために一生懸命おかゆをつくってあげました」「夫があのままじゃ死んでしまうかもしれないと思って内科医を受診させ、点滴を打ってもらいました」

このような言動は残念ながら、飲酒をやめさせる効果があるとは言い難い。体調を回復させて飲める身体に戻すだけであり、結果として飲酒を継続させてしまう。

よかれと思ってやった行為が（動機においては相手のことを思っているのに）、飲酒を促進してしまう（結果として相手の状態を悪化させる）。動機における善意や愛情が、結果として相手を窮地に陥れるというパラドックスを生み出す。これがイネーブリングという言葉が含意するものである。

ここで愛情をお金と言い換えてみよう。ついついほだされてお金を出すことが依存症を悪化させるとすれば、しばしば金銭を与えることはイネーブリングになるだろう。カウンセリングにおいて、金銭の与え方や金額の多寡は来談者（クライエント）のその後の方向性を左右する大きなポイントとなる。おそらくもっとも神経を張りめぐらして対応しなければならないのは、お金についてなのである。

アルコール・薬物依存症やギャンブル依存症のように、お金を持たせればすぐさまそれがアルコールや薬、パチンコに消えてしまうことが予測される場合は、現金を持たせないようにする。それは緊急対応としても必要なのである。

引きこもりの子どもへの対応

依存症への介入がルール決定、余計なお金は出さないという戦略だとすれば、依存症とは正反対に見える引きこもりの場合はどうなのだろう。

意外にも、この場合もお金の果たす役割は大きいのである。

引きこもりといっても幅広い。浪費傾向や親に暴力を振るったりすることもあるが、子どもに経済力がない点は共通している。そこには、長期にわたって「ずるずる」と金を出し続ける親の対応が見られる。

一〇代後半から四〇代、時には六〇代までが含まれる引きこもりであるが、男女比は圧倒的に男性のほうが多く、九対一だという説があるので、ここでは男性と仮定して「彼ら」と表現する。

彼らは、基本的に家族との接触を避ける。もちろんそこにはグラデーションがあり、一切顔を合わせないようにして親が起きている間は部屋から出てこないという状態から、居間にやってきて顔を合わせて会話をする、夜間は近所のコンビニに行ったり、時には三か月に一回くらいは秋葉原まで出かけていくという状態まで、さまざまである。

このように外出はしないに等しいのでお金をそれほど使わない。したがって「〇〇円出せ」「俺の人生を弁償しろ」などのお金の請求は少ない。なかにはネット通販で物品を購入する例もあるが、法外な額ではない。

それに代って、家族と本人をとりまく奇妙な安定感が生じている。それを望ましくないと思っているのに、日常生活を送るうちにそれが常態化し奇妙なバランスが生まれる。これを「ホメオスタシス」と呼ぶ。引きこもりの場合は、本人も家族もそれが当たり前になり、ホメオスタシスを共有するようになる。

このままじゃいけないと思いながらも、子どもが外に出ない状況に親が慣れてしまい、「最近はこれでもよく家のことやってくれている」「防犯になっていい」とまで言うようになる。実際に長期に引きこもっている場合などは、彼らが外出しないことを除けば、特に迷惑をかけるわけではなく、時には食器洗いや洗濯物の取り込みまでやってくれるのだ。宅配便の配達時には居留守を使うけれど、家のなかでは存在感を発揮するようになる場合もある。本書の第一章にはそのような事例が登場する。

あまり因果関係を強調したくはないが、子どもが引きこもっている場合、両親の夫婦関係はたいてい崩壊している。

崩壊というと、もう口もきかない、顔も見たくない、できれば別れたいといった夫婦関係を想像されるだろうが、ここでいう崩壊とは、引きこもっている子どものために一切協力ができないことを表している。日常生活は淡々と送り、どうでもいい話題（野球や天候、株価）については話せるのだが、いざ子どものことになると真向から対立してしまうので、そこには触れないようにしている。

もっと早期に父と母が協力できれば引きこもりは長期化しなかったかもしれない、そう考えるのは私だけではないだろう。両親、特に母親はあえて対立を激化させないように、子どものことは話題に上らせないようにして過ごしている。こうして奇妙な安定が生まれ、時は一見穏やかに過ぎていくのである。

親がカウンセリングに訪れるのは、子どもの年齢にある日、愕然とするからである。三〇歳、三五歳、時には四〇歳の誕生日前後に、現実を突きつけられるのだ。来談した母親たちに対して必要なことは、どうやってこの均衡状態を変動させるか、打ち破るかである。すべてが手詰まりに思えたが、ある時子どもに小遣いをあげたらどうかと思いついた。

そのためには、まず親の意識を変えなくてはならない。「これでも何とかやっていけている」「息子はお金が欲しいわけじゃないわ」と考えている母親は多いものだ。しかし、母親たちはきちんと根拠を説明すれば、それなりに理解してくれる。一番の難物は父親である。彼らの価値観は「働かざるもの、食うべからず」なのだから。口を開けばそう言い、せめて自分が食べられるくらいの金をなんで稼げないのか、と苦々しく思っているのだ。

よく考えてみれば、実は父親の価値観は、引きこもっている息子のそれと根底で支えあっている。「こんな自分は親からお金をもらう資格がない」「お金をもらわずひっそりと生きているのだから何も文句はないだろう」という息子の考えと、「自分の食べる分くらい自分で稼ぐべき」という父の考えは表裏一体なのだ。その奇妙なもたれあいの関係をつき破るためには、お金をあげるようにしなければならないのである。

まず母親に理解してもらい、可能であれば父親にもそのことを同意してもらう。お金をあげることで、彼らが引きこもっている状態に小さな風穴を開けるのである。

親のほうから「お小遣い」を提案し、定額以上の金額は渡さないようにする。この提案は、親子における金銭授受のルールづくりともいえる。これが最重要課題だといってもいい。実際に金額の決め方、渡し方、渡す人は誰か、といった点に関して、細かいルールをつくり、そのとおりに実行するように提案する。このようなプロセスは春闘のようだが、金額の決定までの手順はまさに予算折衝である。

親との会話が成立している場合は、このように伝える。

望ましい親の言葉と、予想される子どもの反応を「　　」で示す。両親が並んで向かい合うという場面設定も必須条件である。

①　お父さんとお母さんであなたのことで話し合いました。これからは毎月定額のお小遣いを渡したいと思います。よろしいでしょうか。

「小遣いなんか要らない、どうせ外に出ないんだし、友だちもいないし、こんな自分に小遣いなんかもらう資格はない」

② そうですか、考えていることはよくわかりました。でもあなたは現在○○歳です。欲しいものがあったり、どこかに出かける際にはお金が要るでしょう。そんな時に自由に使えるお金として、月一万円を渡したいと思います。

③ 月一回全額と何回かの分割とどちらがいいでしょうか。

④ お父さんから直接手渡しをしたいと思うんですが、どうでしょう。

以上の四段階が小遣いを渡すまでのプロセスである。

最初にことわったように、これはお金を使わないことを、現在の引きこもり生活の免罪符にしている場合の対策である。「お金は要らない」、「はいはいわかりました」、であれば何も変化はしない。あくまで年齢相応の活動をするために（Suicaを買うとか、コンビニでお菓子を買うなど）必要なお金を親が提供したいのだ、という意志を明確に伝えることが基本である。

もう一つ、父親が手渡しという点が重要である。多くの家族では、問題を起こした子どもへの対応は母親に任されており、父親は外野席の観客であるかのような立ち位置でかかわるのが常である。彼らにもし存在意義があるとすれば、一家の大黒柱として役割を果たすことだろう。とすれば、小遣いを渡すのは父親が最適である。稼ぎ頭が小遣いを自分の手で直接渡す、これほど明確な行為はないからだ。

もう一つの可能性、月に何回も小遣いを請求してきて、膨大な金額を出し続けている場合の小遣いの額の設定についても述べよう。

①昨晩両親でよく話し合って、あなたへのお金は月一定の額に決めることにしました。

「一方的じゃないか、そんなこと了解しないよ」

②これは今後の私たち夫婦の生活も考えて決めたことなので実行します（と毅然として述べる）。

③まず、これまでの生活を振り返って月額いくらあれば足りるか、一晩考えてください。そして明日か明後日聞かせてください。

④（二日後に）どうでしたか、月々いくらのお小遣いが必要か、考えてみましたか。その結果を教えてください。

「まあ○○万円かな」（意外と思われるかもしれないが、この場合に非現実的な金額が提示されることはほとんどない。たいてい月三万が相場で、多くても月八万円である）

⑤ちゃんと考えてくれてうれしいです。そうですか、月○万円ですか、わかりました。それを参考にして、私たちで話し合います。最終的に金額は明日伝えることにします。

⑥（翌晩）昨夜お父さんと話し合って月○万円に決めました（これは子どもの要求額そのままである

ことが多い）。

⑦　渡し方についてですが、お父さんが直接手渡ししたいと思います（「ええっ、振り込みがいいよ」「封筒に入れてリビングの机に置いといて」「お母さんが渡してよ」といった反応が多いが、すでに述べたような理由から父親の手渡しを厳守する）。

⑧　月一回まとめて渡すほうがいいか、それとも分割がいいか、それは決めてください。どちらであってもあなたが私たちと合意した額以上のお金は渡せません。その点はきちんとお伝えしておきます。

お読みになって予算折衝と同じだという意味がわかっていただけただろう。本人からの要求額、検討、金額決定というプロセスを徹底してルール化するのである。特に依存症の場合は、お金がいつも湧いて出てくるような状態が問題行動の継続に力を貸してしまう。これがイネーブリングであることはすでに述べたとおりである。引きこもりの場合もまた、お金は決められた額を死守しなければならない。例外をつくれば、小さな穴から水が漏れてやがて大きな堤防が決壊してしまうのと同じで、営々と努力してきた事態もひっくり返りかねない。

全体として、冷静に、粛々と話を展開する必要がある。子どもは絶対と言っていいほど提案には賛成せず、これまでのシステムの安定が崩されることに抵抗を示すだろう。それを乗り越えるには、まず両親の固い結束が必要である。

引きこもっている本人と話しができない場合は、食卓の上にメモを置いておく。すでにさまざまな連絡は、多くの場合メモで行われているので、それを利用する。そこには次のように書く。

「○○さん。お父さんとお母さんは話し合って、あなたに月一万円のお小遣いを渡すことにしました。○○歳の若者らしい生活をするには、ある程度のお金が必要だと思ったからです。返事を待ってます」

すると、たいてい翌日、メモがびりびりに破られて棄てられているのを目にすることになる。それでも、また同じ内容のメモをのこす。この時も棄てられるか、無視されるだろう。ここでめげてはいけない。三回目に、「お返事がありませんので、毎月一日に、一万円をテレビ下の引き出しにいれておきます。余ったら貯金でもしてください」と書いたメモを置く。そして、言葉どおりちゃんと一万円の入った封筒を引き出しにいれておく。これを愚直に続けるのだ。

最初の二か月くらいは、お金は手つかずのまま置かれているだろう。ところがある時から、封筒に入れたお札が無くなるようになる。そして、親の知らないあいだに子どもが外出するということが起きる。

なぜ一万円か。その根拠は、本人の負担になりすぎず、もちろん親の負担も少ないからだ。現実的には、引きこもりとはいえ、部屋代も食費、光熱費も親負担なのだから、小遣いなどあげる必要はないはずだ（数少ないが、親の口座引き落としでネット通販のモノを購入している場合もある。それはそれで問題にしなくてはならないが）。

とはいえ、彼らにとって、親にせびらなくてもいいお金があるというのは、うれしいことなのだ。同時に「一万円の小遣いを親からもらっている」という負債感も生むだろう。これらのぎりぎりのバランスを考えると、一万円という金額が適当かと思われる。

この方法が引きこもりを解決する名案というわけでもないが、長年のホメオスタシスを崩す効果を持つことは間違いない。これをきっかけに親との会話が復活し、外出が増えた例もある。効果を詳しく述べれば、お金によって、本人の行動の自由を半ば強制的に与え、引きこもっている理由の一部を、「外出しないからお金は要らない」を「お金があるけど外出しない」へと転換することで、消去するのだ。また、「働かざるもの、食うべからず」というポリシーを、父自ら一万円を手渡すことで、修正するのである。

夫婦の結束のために

さて、順序が逆になったが、このような小遣いをめぐる方法を実施する大前提として、夫婦の協力が不可欠であることはすでに述べた。しかしそのような家族では、実質的に崩壊していたり、反目しあっていたり、冷えきった関係だったりすることが多いので、どうやって父親（夫）を協力体制の入り口まで動かすかが当面の課題となる。

父親の非協力や無関心ぶりの裏には、「妻から責められてばかりだ」という根深い彼らの被害者意識が横たわっている。まじめに働いてきて一家を支えてきたのに、これ以上何をしろというのか。偉そうに顔を見るたびに批判するだけじゃないか、と。したがって母親が協力を求めるためには、次の順に伝えることがポイントになる。

①今日まで仕事をして生活を支えてくれたことに対しては、心から感謝しています、ほんとうにありがとう。

②息子に対してこれまでひとりでがんばって対応してきたけれど、もう限界を感じています。とても不安で疲れています。どうか私を支えてくれませんか。

このようにまず夫に対する感謝を伝えることから始めなければ、凍り付いた関係はとけないだろう。

しかし、この時点で「無理です」という女性は多い。夫を責めずに、感情的にならずに話せる自信がないのだ。なんで自分が頭を下げなければならないのか、まして感謝など伝えられない、と。どれだけ内心腹に据えかねることがあるにしても、「子どものために」という一点で何とか協力しなければならない。子どもへの対応が一定の方向性を見るまでは、夫も妻も相手を責めることは保留・棚上げとするべきだろう（こう書きながら、これがどれほど困難かを痛感しているのだが）。

こうして何とか協力体制にまで漕ぎつけるのだが、その成否はひとえに母親（妻）にかかっている。多くの女性たちは、引きこもっている子どもへの対応の前に、立ちはだかっている夫という大きな壁に挑戦することになる。

それを完遂させるのは、これからやろうとしていることが、たとえ子どもから反発され一時的に激しく抵抗されようとも、長い目で見て子どもの回復や成長に役立つに違いないという信念である。

これは、小遣いにまつわる方針を提起した援助者（カウンセラー）への信頼と言い換えることもできる。身体的疾病もそうだろうが、家族の問題も同じである。正しいかどうかはわからないが、とりあえず援助者の言うことを「信じてみる」ことから変化は始まる。

お金をめぐる子どもとの対面状況は、緊張と恐れ、怯えが支配しがちな場面である。これを実現させるには「勇気」が要る。多くの事例を経験してきたが、問題の転換点や転機が見えることがある。今ここで、どちらに進むかが決まってしまう、そういう時がやってくる。

目先の不安と恐怖に支配され、子どもが絶対反対だから、子どもが荒れるから、といった理由で私たち援助者の提案が実行されないことがある。いっぽうで、がんばって勇気をふるい、夫婦が協力して実行にこぎつける人たちもいる。まるで高速道路のジャンクションのように思えるが、残念ながらそこで方向性が決まってしまうのだ。

もちろん私たちはどんな場合でも息長くできる限りの援助をしていくのだが、岐路にさしかかった時こそ、勇気が必要になるということを強調したい。

こんな時はどうする？

さてお金をめぐるさまざまな状況をさらに挙げて簡単に説明しよう。私はファイナンシャルプランナー（FP）でもないので、詳細はソーシャルワーカーやFPなどに問い合わせていただくのがいいと思う。ここでは、私の体験から言えるいくつかのことを述べよう。

家族が失業している場合

突然の病やけが、倒産やリストラといった場合が挙げられるが、いずれもいくつかの社会的リソース（支援・援助）が活用できるはずだ。ネットで検索すればある程度事前の情報を得ることはできる。雇用の場合はまずハローワークに本人が訪れる必要がある。失業保険の適用が可能かどうか尋ねてみるのだ。

一番確実なのは、居住している自治体の窓口に問い合わせてみることだろう。市民相談窓口に電話、もしくは直接問い合わせれば、今の自分が利用可能なリソースを提示してくれるはずである。これまで税金を収めてきたのだから、当然の権利としてこれらをちゃんと利用してみよう。

情報を何も持っていないことを恥ずかしく思う必要はない。だれもが白紙であることは珍しくないのだから。必要なのは電話を掛けるエネルギーである。うまく説明できなくてもとりあえずそこで話してみよう。想像したより対応はやさしいし、親切なはずである。ただ行政機関の限界は、ていねいではあるものの一度で具体的な提言がなかなか得られないことだろう。「○○に電話してください」と指示されて、結果的にはいくつもの窓口をたらい回しにされ、電話し続けるという事態も起きる。

ただですら電話するまでにエネルギーを使うのに、三か所以上になるとこれ以上相談しようという気が失せてしまうかもしれないが、それでも根気よく電話しよう。

家族に精神疾患などがあり、生活能力に乏しい場合

精神疾患の程度にもよるが、受診している病院があればそこを窓口にして生活困窮を訴えることもできる。親や子どもの精神疾患については、受診料が無料になる医療保護や、場合によっては、障害者年金の受給申し込みもできる。もちろん申し込む主体は本人であることは言うまでもないが、多くの場合手続きができないことがほとんどである。そのような場合は、本人にかわって家族の誰かが申請することになる。

家族の立場から本人の主治医、もしくは大きな病院であればソーシャルワーカーに面談を申し込んで相談してみることがまず第一である。すでに述べたように、ここでもすんなりと相談の核心に迫ることができない場合もある。根気よくあきらめずに相談窓口を利用してみよう。

夫婦で経済を分けるかどうかの見きわめ

近年は、財布を別々にしている夫婦が多い。連れだって食事に行っても、レジ脇で「昨日私が出したでしょ、だから」などと話し合っている夫婦は珍しくない。入籍したら財布は一緒と

いう原則は、夫が経済的支柱であり妻はあくまで補助的存在という性別役割分業が当たり前だった時代の産物かもしれない。かつては専業主婦が夫の収入を管理し、夫はそこから小遣いをもらうというスタイルが多かった。それが減っているのは、おそらく共働き夫婦の増加と、相対的な貧困化にもよるものだろう。よほど夫の年収が高くなければ財布を一緒にはできないからだ。今の若い女性のひとつの憧れが「専業主婦になること」という現実にも納得がいく。

あまりに夫婦のお金をぴっちりと分けるのはいかがなものかと思ってしまうが、問題は子どもが生まれてからのことである。出産に伴うさまざまな負担は圧倒的に女性の側に重くのしかかってくるだろう。昨今の保育園不足から、やむを得ず仕事をリタイアしなければならないこともある。そうなった時、夫婦それぞれの経済的負担はどうするのか、また子どもに関する費用はどうするのかといった新たな問題が出てくるだろう。

私は多くのDV被害女性とかかわっているのだが、自由になるお金がどれほどあるかという点が、状況改善に何より大きく寄与することを痛感する。夫婦で経済をどのように分けるか、もしくは財布をひとつにするかどうかは意見が分かれるところだが、いずれにしても女性は自分のお金を一定額確保しておくべきだという考えは変わらない。どれだけ女性が活躍するようになろうとも、最後の自由はお金によって確保される。子どもが生まれて収入が減り、夫の経済力に依存せざるを得なくなった女性たちが、夫からDVを受けながらも「経済力がない」という理由から、夫のもとにとどまらざるを得ないという現実は、ますます増大している。結婚当初どれほど信じて愛し合っていても、特に女性は「お金」という冷徹な一点を忘れてはならない。

この国で「家族でいる」ということ

カウンセラーとして、お金の出し方が家族を左右することを、本書に登場するようなさまざまな事例で知った。

多くの親が疚《やま》しさやうしろめたさから子どもにお金をわたす。子どもたちは、愛情不足をお金で代替しろと言う。親から愛情を与えられなかったがゆえに人生に挫折せざるを得なかった、だから賠償しろという論法をとる場合もある。いずれにしても、子どもは愛情をお金にすり替えて要求するのであり、親の側もせめてお金で償えるものならと思っている。なかには、子どもを懐柔し、黙らせようとし、「口封じ」のため、「餌で飼いならす」ためにお金を出す親もいる。これらはいずれも、親のほうが経済力を持っているからできることである。

一九八〇年代からこのような「持てる親」「持たざる子」という構図から生じる親子の問題は珍しくなかった。カウンセリングにおいて、そのような問題は持たざる子における病理として扱うのが通例だった。そしていずれは、子どもが回復すればちゃんと仕事を持って自立するだろうという希望が、親にも子にも、そしてカウンセラーの側にも共有されていたのである。なんていい時代だったのか、と思う。

持てる親と持たざる子ども

しかし昨今の現実は、親の経済力を子どもが超えるなど夢物語であることを示している。それどころか週刊誌で「40〜50代を襲う親子破産」といった特集まで組まれるようになっている（『SPA!』二〇一六年六月七日号）。無業の子ども（多くは中年男性、結婚歴なし）は親と同居して、親に寄生することで生きている。時には親と同居しながら非正規雇用で働いている中年男性もいる。いずれも親が健康であることが前提であり、ひとたび親が倒れたり、病死した場合、その危ういバランスは崩れてしまうのだ。時には親が亡くなることで、子どもが首を吊るという結末を迎えるのである。

五〇代の子どもが八〇代の親を責めてパチンコのお金を引き出す、出さないと暴力をふるうという事例は、介護の専門職（ケアマネージャーなど）を対象とする研修の講師をつとめると、必ず耳にする定番のパターンとなっている。その一部が傷害・殺人事件となって報道されるが、裾野の広がりは膨大なものがある。

それは心理的問題でもなく、精神病理の問題でもない。長い時間をかけて広がってきた非正規雇用者の貧困化の問題であり、高齢化社会の問題なのである。それらが、パチンコのための「お金」を要求するなどといった具体的行為によって、表面化しているのだ。

お金と暴力と自殺

持てる親といっても、その多くは年金暮らしである。その親に依存せざるを得ない高齢の息子や娘たち。そこではしばしばお金をめぐって「暴力」が行使される。子どもにとってお金は死活問題だからこそ、あらゆる手段を用いて金を引き出す。脅すのにもっとも有効な手段は暴力である。物を壊すことも含めて暴力は最終的支配の方法であり、いったんその方法が成功を収めれば、繰り返しそれは行使されることになる。親が死んでしまっては元も子もないので、生かさず殺さずという程度にとどめるように細心の注意が払われる。そして殴るのは、他者から見えない部位である。DVを行使する夫たちが、あまり顔を殴らないようにするのと同じである。

脅しのもうひとつの方法は自殺をほのめかすことだ。お金を引き出せないと思うと、「こんな自分は死んだほうがましだ」「今まで迷惑かけて本当にすみません。僕みたいな息子を持ってお母さんも苦労しましたね、でもそれももう終わります」というような書置きをして、一晩帰らないでいれば、母親はすっかり反省する。生きていてくれればいいと願い、憔悴した顔で戻れば喜んでお金を出すだろう。

このようにしばしばお金の問題の背後には、DVや虐待といった暴力がひそんでいる。「カウンセラーって心の悩みを聞いてあげるんでしょ」といった強固な思い込みに対していちいち訂正するのもいやになるほどだが、少なくとも私たちのカウンセリングでは、すでに書いたように、心のなかの問題ではなく、お金と暴力と、時には自殺（＝死）が目前のテーマなのである。

振り込め詐欺と社会保障制度

振り込め詐欺はここまで述べてきた日本の家族の実態、親の後ろめたさを知り抜いた頭脳的犯罪だとつくづく思う。被害総額をニュースで知り、驚いた人は多いだろう。私からすれば、五五〇億に及ぶ金額が、銀行に預金され、時にはタンスのなかに眠っていたことが衝撃である。犯人はそれらを、高齢者と子どもの関係を巧みに利用することで引き出したのである。そのような犯罪は日本以外で起きているのだろうか。おそらく詐欺にひっかからなかった事例が成功例の何倍も起きているだろうから、六〇代以上の女性（男性）は軒並み詐欺の電話を受けているはずだ。団塊世代を中心とした、七〇年代・八〇年代の日本経済の恩恵を受けた高齢者の蓄えは、親子の情というウィークポイントを見事に突いた犯罪者集団によって、巧妙に詐取されたのである。

私は、この犯罪と日本の社会保障制度が同根であるような気がしてならない。地域のネットワークとか、社会の絆といった美辞麗句とともに「昔はよかった」と慨嘆する言説を目にするたびに、決して昭和になんか戻りたくもないと思う。いいとこどりのノスタルジーと思えば看過できるが、戦後の歴史をたどればそんな悠長なことは言っていられないだろう。

敗戦後の日本は「国破れて山河あり」という状態からスタートした第一次産業の復興に支えられ、六〇年代から一気に高度経済成長期に突入していく。もともと地域のネットワークはそれがないと生きていけないからこそ生まれたのである。農業は多くの働き手が三六五日支えることによって成り立つことは言うまでもない。そこから生まれた地縁・血縁重視の共同体は、第二次産業の工業化による資本主義的経済の発展とともに、企業家族主義へと重心を移し、少しずつ空洞化した。

七〇年代の全共闘世代があさま山荘事件以降、なだれを打ってニューファミリー幻想へと飛びついたことはよく知られている。それは裏返せば、社宅供給、終身雇用、年功序列といった日本企業特有のシステムによって支えられた家族形成であった。国の社会保障は、いわば日本の企業によって肩代わりされ、大企業社員は企業年金も含めて終生生活が保障されるというシステムのなかで、時には「社畜」と言われようと、ジャパン・アズ・ナンバーワンという幻想とともに定年まで働いたのである。

その人たちが備蓄した資産は、今の二〇代、三〇代が生涯賃金として獲得するだろう金額をはるかに超えており、彼らの受け取る年金は後の世代のそれをはるかに凌ぐだろう。振り込め詐欺はそこに目をつけたのだ。膨大な彼らの預金を狙い、たくみに引き出すための組織的頭脳的犯罪を計画し、みごとに成功を収めたのである。

いっぽう日本の社会保障制度を見てみよう。多くの論者が指摘するように、それは個人単位ではなく家族単位で組み立てられている。いうなればセーフティネットとしての家族の存在を暗黙のうちに期待して成り立っているのである。従来の家族の機能は、女性の無償労働によって成り立っていた。女性たちが耐え、介護も育児も、家事全般が無償で行われていたのである。そこに風穴を開けたのが介護保険だったことは特筆すべきだろう。

ところが想定外の速度で進行する高齢化、若者の非正規雇用化と貧困化、非婚者の増大によって、国が依存してきた家族がセーフティネットではなくなりつつある。もう一度家族の絆を強め、女性の無償労働力化を促進しようとしても、これらの変化は不可逆的なはずだ。従来の社会保障の諸制度を、もっと早期に、脱セーフティネットとしての家族という方針で再編成しなければならなかったのではないだろうか。

引きこもりの事例に出会うたびに思うのは、親はどこまで子どもの面倒を見なければならないのか、三〇代・四〇代の息子や娘から責められながら、果たして、親は同居を続けながら老いていくしかないのか、ということである。成人式はいったい何のために行われるのだろう。酒やタバコの解禁、選挙権のためだろうか。本人にとっては自由と権利の獲得かもしれないが、成人式を親が子どもから解放される権利を獲得する機会にはできないのだろうか。

親子の絆や家族愛をどこまでも強調するのは、セーフティネットとしての家族の機能をしゃにむに維持しようとする試みではないだろうか。これは、九〇年代以降の日本経済の減速と日本企業の弱体化によって、企業家族主義的なセーフティネットが機能しなくなったことと呼応している。社宅はひそかに廃棄され、企業の保養所も一部閉鎖され、よほどの大企業でなければ定年退職後の子会社への横滑りもできなくなっている。そんななかにあって最後のよりどころである家族を何とか維持するために、婚活が行われ、盛大な街コンに予算が投下される。

何のことはない、日本の社会保障も団塊世代を中心とした高齢者が形成した家族の蓄えを食いつぶしているのだ。彼らは、持ち家が何とか可能で、ニューファミリー幻想とともに専業主婦と働く夫という性別役割分業が最も明確だった世代である。「家族」という実体が存在すると信じてきた彼ら彼女たちの蓄えは、結果的にそれに依存して生きるしかない貧困化した息子・娘たちによって食いつぶされていく。そのことを知っていて「家族愛」を強調しながら無為無策でいる日本の社会保障制度は、まさに振り込め詐欺と同様の前提を共有しているのではないだろうか。

あとがきにかえて——近くて遠い家族、遠くて近い家族

お金と愛情は重ねない。もしくは家族の愛はお金で計れない。こう考えられてきた。それがいちばんよくわかるのが「無償の愛」という言葉の存在である。そして、その代表は家族＝母の愛と考えられてきた。

ところがカウンセリングにおいては、しばしばお金の問題がテーマになる場面に遭遇する。まるで私は弁護士ではないか、そう嘆くこともあった。特に親子関係や夫婦関係といった家族の問題では、本書で提示した事例のように、具体的なお金をめぐる取り決め、お金をめぐる価値観が、その後の展開を左右してしまうのだった。そのたびに「なぜ家族の問題を解く鍵がお金なんだろう?」というぼんやりとした疑問を抱いてきた。それが本書のテーマにつながったのである。

無償の愛という幻想

『借りの哲学』（ナタリー・サルトゥー＝ラジュ、太田出版、二〇一四年）はこの点に関して興味深い指摘をしている。著者は「借り」という概念を駆使して、キリスト教に始まる贈与論を展開し、そこから人間関係にまで考察を進める。なかでも興味深いのが家族に関する部分である。一般的にはなかなか認められないが、家族にも「貸し借り」が存在するというのが著者の主張である。出生時に親から子どもに与えられるのが「命」という贈り物である。これは子どもから返礼として返されることはないという点において、無償なのである。ここから家族＝親＝母の愛は無償であるという幻想が生まれるのだ。

しかし現実には子どもは親からの「生まれながらの借り」に苦しみ、親はしばしばそれを盾にとって子どもを支配し、権力関係に持ち込むことがある。資本主義の発展した現代において、市民社会はあらゆることがお金で清算されるために一見「借り」が少なくなったかに見えるが、家族関係においてだけは「借り」が大きな役割を果たしている。このような著者の主張は、親子関係、なかでも「母が重くてたまらない」と感じる娘たちの深い罪悪感を読み解くのに、役に立つだろう。

感情をお金に換算する

無償の愛という幻想は、底流に信頼関係がなければ、親子とはいえ容易に支配・権力関係に変化してしまう。不信や裏切られ感、傷つき、屈辱、といった信頼感の揺らぎとともに、「貸し借り」の感情は一気に表面化するのだ。

それはたとえば子どもの側の、やってもらった感、申し訳ない感、ぬぐえない負債感、親の側の、やってやった感、まだ足りない感、などだ。そこに恩義、恩知らず、親孝行、親不孝といった日本独特の価値観がミックスされ、親子関係は「貸し借り」をめぐって泥沼化していく。

それを解消するために登場するのが、無償の愛を一挙に転換して、有償化する試みである。つまり市民社会における資本主義の論理を、家族にも適用しようという発想だ。

本書に登場する事例のいくつかは、この説明によって理解されるだろう。

借りの感情を解消するため、親に貸しがあると主張しお金を請求する息子（娘）、子どもに借りがある（傷つけた、経済力をつけてあげられなかった）と思い、子どもにどんどんお金を与え続ける親、などはその例だろう。感情の貸し借りが現実の金銭に換算されるという、まるで家庭裁判所のような状況が、日本の多くの家族に起きている。

富める親の権力行使

本書では、このような愛情や感情が金銭に換算される現状を明るみにするいっぽうで、さまざまな問題の解決にそれを積極的に利用することも提言している。基本になっているのは、富と財産において子世代は親世代を超えられない時代になった、という冷徹な認識である。

逆立ちしても、年収五〇〇万円など夢のまた夢、四〇代以下ではそれがリアルなのである。引きこもりに代表される無業の息子や娘たちでなくても、低収入の非正規雇用者は、親世代に依存しなければ生きていけない。負債感どころか、すべてにおいて「借り」の人生なのである。もともと「生んでもらった」借りのある子どもたちが、経済面においても親から借りを背負ったまま三〇代、四〇代を迎える。これが親子関係においてどんな意味をもつのか、どんな新しい現象をもたらすのか。カウンセリングではそのような現実がいち早く表れている。

私たちカウンセラーは、慨嘆ばかりしているわけにはいかない。富める親・貧しい子どもという対比をむしろ活用できないだろうか。引きこもりやさまざまな依存症といった問題行動の解決において、困り切った親たちに残された手段である、貸主、出資者、スポンサーという立場・権力をどのように活用していくか。

信頼関係がなくなった時に家族の権力・支配構造はあらわになるとするならば、むしろその権力を駆使し活用することで信頼関係の再構築ができないだろうか。お金の出し方を工夫し、操作して、息子や娘の回復を図ることができないだろうか。そのための方法を、実例をとおして細かく具体的に説明しているのも本書の特徴だと考えている。

それでも家族はつづく

無償の愛という幻想や、絆という言葉によって守られてきたのは、家族とお金をめぐる「あるべき姿」「あるはずの姿」だった。口に出せば元も子もなくなるような本書のタイトルは、まさに「あるべき姿」のベールをはぎ取ってしまう力をもっているだろう。

いまやお金の問題と正面からとりくまなければ、家族の関係を良好に維持することは難しい時代になった。その現実を隠蔽すればするほど、かえって権力関係がはびこり、愛情をお金に換算することになるだろう。

私たちが疑いもなく信じてきた家族像は、ここにきて大きく揺らいでいる。その変化についていくつかのアングルから見ていきたい。

① 家族の多様性と子ども

家族については、さまざまな研究領域から長年にわたる豊かな考察が積み重ねられている。実は「家族とは○○である」という定義はないという。そのことを社会学者である知人から聞かされた時、私は心から解放された気分になった。明確な定義がないということは、これが家族だ、と思えばそうだということなのだ。ＬＧＢＴ（同性愛者、バイセクシュアル、トランスジェンダー）の人たちがつくる家族も、猫一〇匹、犬五匹が私の家族だという人、一人暮らしで楽しく暮らす人、心の家族がいる人も、金子みすゞじゃないが「みんなちがって、みんないい」のである。そう考えるとどれほど楽でのびのびできるだろう。

また生殖医療の発展によって、卵子の凍結保存、人工授精、体外受精、卵子提供、精子提供といった技術による出産は現実的にすでに膨大な広がりを見せている。子どもが欲しいと願えばある程度は叶うようになったこと、親になることが運命ではなくなり、それがさまざまな方法で可能になったことは、家族の未来に大きな変化を与えるだろう。

しかし、子どもが誕生したところから大きな転換が起きる。それは命の贈与であり、次世代への責任、幼い命を守り育てる責任が生じ、予想を超える子どもへの感情、育児の困難さに直面することを意味する。何より子どもの教育や保育をとおして既成の制度やシステムに適応することが求められるし、望まずして起こるさまざまな病や事故といったリスクに伴う不安は、夫婦二人だけの家族より数倍高くなるだろう。本書の重心が夫婦より親子関係に置かれているのは、このような多様な問題を視野に入れているからだ。

② セックス観の変容

ＤＶという言葉も、二〇〇一年のＤＶ防止法制定以来、一般の人々に浸透し、夫（時には妻）の行為を「これってＤＶじゃないのか」と考え全国の相談窓口に電話する人が増えている。長年ＤＶ被害者のグループカウンセリングやＤＶ加害者プログラムを実施してきた経験から、ここで強調したいのは、ＤＶが被害者ばかりでなく、子どもに深刻な影響を与えることだ。ＤＶを目撃させることは、「面前ＤＶ」と呼ばれ、子どもへの心理的虐待としてあつかわれるようになっている。

夫婦喧嘩として見過ごされたり、妻の顔面を殴ることが男らしい行為として称賛された時代から比べると、暴力に対する意識や敏感さは格段に高まっているといえるだろう。

近年セックスレスの夫婦が増えたり、『日本人はもうセックスしなくなるのかもしれない』（湯山玲子・二村ヒトシ、幻冬舎、二〇一六年）で描かれるような現実が増えたりしているとすれば、それはＤＶに関する知識の広がりと相関しているのではないだろうか。

ドゥルーズ研究者である千葉雅也が述べるように「あらゆるセックスは暴力である」という側面は否めないだろうし、男性の性へのファンタジーに深く暴力が刻まれていることは、いっこうに性犯罪が減らない現実にも表れている。性と暴力はそれほど明確に一線を画すことなどできないのかもしれない。

そうなると、暴力性に敏感になったカップルが、セックスをしないことは十分に考えられる。カウンセリングでも、セックスレスであることが必ずしも夫婦関係の悪化を意味しない（かえって仲がいい）という人たちは多いのだ。

今後、もっとセックスレスは増えるだろうし、ヨーロッパのようにいくつになってもセックスをすることが義務といった夫婦観とは異なる夫婦像が展開されるかもしれない。

LGBTを例にあげてみよう。一説にはカミングアウトしていない人もふくめ、LGBTは一〇人に一人といわれている。同性婚をみとめる自治体が日本でも複数出てきており、婚姻届を受理する報道を目にした人も多いのではないか。彼ら彼女たちの試みが社会的にクローズアップされることによって、家族はさらに多様化していくだろう。精子・卵子提供によって子どもをもうけることを同性婚のカップルが試みているが、このような選択肢が（同性婚・異性婚を問わず）今後増えてくることで、セックスと妊娠の分離も起きるだろう。

③ 家族を演じるという選択肢

本書では、お金の授受に関してのの言葉をセリフとして細かく記している。カウンセリングでは、どのような言葉で伝えるかに重点を置き、どんな感情でそれを行うかについてはそれほど重要視しない。感情をどんな器に入れて差し出すか。その器こそが重要になる。

崩壊寸前の家族を再構築するために必要なのは、演技であり、セリフである。気持ちがこもっているか、どんな感情であるかは二の次であり、どのような言葉を用いるかこそが重要なのである。しばしばカウンセリングでは、女優になったつもりで、主演女優賞をとるつもりで、話してください、と提案する。

「あなたのその行為はＤＶだと思います」

「今日からしばらく家を出たいと思います」

といったていねいで他人行儀な言葉を用いて、自分の考えを伝えること。実に不自然でぎこちない言葉であるが、そのセリフ（言葉）を口にすることからしか現実は変わらない。

問題が起きた家族で、解決の第一歩として展開される演技的でセリフ棒読み的な発言は、そのまま平穏な家族にも応用可能だと思う。

「ただいま」

「おかえりなさい」

「今日はいい日だった」

これは小津安二郎の映画のワンシーンのようなやりとりだ。小津映画は、すぐそこまで来ている近未来の日本の家族を先取りしていたのかもしれない。

近づきすぎれば相手を傷つける、感情をむき出しにすれば危険だ、という意識がストッパーとして働く。多くの人たちの対人関係において見られるこの装置が、結婚後の二人にも働くだろうことは想像に難くない。

芝居のセリフのようなあたりさわりのない会話だけを繰り広げながら、家族はつづいていくだろう。なぜなら、それが一番安全だからである。心情をあふれさせたら家族は危ない。距離が近づけば暴力と紙一重になってしまうこと、本当のことを言ったら壊れてしまうことがわかるからこそ演技し、セリフを語るのである。そして、このような現実は、家族関係を補完する新たな職業を生み出すだろう。植木の水やりや掃除といった家事の代行業がすでにあるが、それに加えて、疑似家族的役割を時間限定で他人が演じるサービスも広がっている。

振り返ってみれば、家族にだけは気を遣わなくていい、無償の愛が得られる場が家族だ、といった幻想が保持できていたのは、（妻であり母である）女性たちがひたすら耐えてきたからだろう。彼女たちが家族の重しに耐えてきたのは、そこから離れれば食べていけなかったからだ。

女性たちの忍耐とその副産物であるさまざまな家族のいじめ（嫁いびり、娘支配）によって、日本の家族は多くの男性にとって好都合なパラダイスを提供してきたのである。

ＤＶや虐待という言葉の広がりは、子どもや女性のような閉ざされた関係における弱者たちの苦しみを被害として認め、家族内暴力を顕在化させ、その危険性を明らかにした。そのことがより安全な家族への志向を生み、なんでも話せる家族ではなく、距離のある、気を遣いあう家族へと舵を切ることにつながったのである。演技的家族とはその先にある確かな現実なのだ。

④　ＳＮＳと家族

家族はいっしょに暮さなければならないのだろうか。世帯とは、居住と生計を共にする者の集まりであるとされる。家庭を意味するドメスティックの語源はかまどであるという。これに象徴されるように、食事をともにするということがもともとの家族の条件だとされてきた。

しかし近年のネット環境の進展に伴い、地球の裏側にいる夫と妻がスカイプで毎日話をすることも可能になった。携帯でも相手の顔を見ながら話す機能が装備されている。そのいっぽうで、同じ屋根の下に住みながら食事は別、洗濯物も分ける、そばを通るときはよける、目を合わせないといった夫婦もいる。家族のつながりは、いまや物理的距離では測れないようになっている。

ＳＮＳも家族関係に大きな影響を与えている。ＬＩＮＥによって、はるかヨーロッパに住む子どもや孫の動画を毎日見ることもできるし、無料通話も可能だ。なかには顔を合わせず対話を拒否している同居中の息子から、連日ＬＩＮＥ攻撃を受けている父親もいる。既読になると直後に攻撃文が追いかけてくる。現実の会話はなくても、膨大な量のＬＩＮＥが届くので怖くて携帯を開けないという。

顔を合わせると責められてしまう親は、メールで娘や息子と必要な連絡をしている。子どもの側も、ちょっと親にひどいことを言い過ぎたと思うと、メールで懇切丁寧にあやまったりする。メールの人格と現実の人格が分かれているかのような現象は珍しくない。直接対話以外にもメールという交流のツールが生まれたことで、家族は新たなつながりを維持できるようになった。

このように家族関係は、ＳＮＳやメールによって大きく変化しつつある。物理的距離と心理的距離は必ずしも一致しなくなり、家族のつながりをかろうじてメールやＳＮＳが維持し、時には補完するという事態も生まれている。

ここまで近年の家族の変化を見てきたが、こういった数々の現実によって家族像はぬり変えられていくであろう。

おわりに

二〇〇八年の『母が重くてたまらない』、二〇一一年の『さよなら、お母さん』（いずれも春秋社）と本書はセットになっている。表向きは母娘問題を扱っているわけではないが、お読みになった方にはその意図が分かっていただけるだろう。

前著二冊は、母の愛にひそむ支配性と所有欲を明らかにし、娘たちの苦しみを具体的に記すことで、それまで信じられてきた無償の母の愛というまぼろしを白日のもとに晒したのだった。反響は大きく、最初の本から八年が過ぎようとしているが、近年では毒という言葉とともに自分の親について語る人があらわれ、さらに母娘というテーマは広く共有され、多くの女性たちの共感を呼ぶようになっている。その事実は、母の愛や、母と娘は仲がいいといったまぼろしがどれほど強固だったかを表している。いっぽう本書では、家族の愛はお金とは無縁だというまぼろしを、多くの例とともに白日のもとに晒そうと試みた。

誤解されないようにお断りしておくが、私は幻想をはぎ取ることに喜びを見出しているわけではない。カウンセリングの現場に立脚して、そこから見える現実について自分なりに考えたことをお伝えしているだけである。家族というものを成り立たせている言説、それを支える幻想が、どれだけ多くの人を縛り、どれだけ解決を妨害しているか。それを痛感しているからこそ、この三冊が生まれたと思う。

家族に作動する権力や支配、資本主義的な現実を直視しなければならない。およそ心理学とは程遠い言葉ばかりであるが、それを知らなければ私たちはいつまでもそれに支配されつづけるしかないだろう。より望ましい家族を実現するには、幻想をはぎ取ったリアルな家族を直視しなければならないと心から思う。

本書は、二〇一三年より「ウェブ春秋」で連載した文章を柱に、さらに、書き下ろしを加えたものである。企画から連載、単行本化まで一貫してお世話になった春秋社の篠田里香さんには心より感謝を述べたい。

これまであまり扱われることのなかったテーマだが、多くの人が自分の家族や、親子・夫婦関係を考える一助となれば幸いである。ありがとうございました。

二〇一六年六月　梅雨の晴れ間の青空を見上げながら

信田さよ子

＊本書は、『春秋』（二〇一二年一〇月号）、「ウェブ春秋」（二〇一三年一〇月～二〇一五年一〇月）に掲載された原稿を加筆訂正し、書き下ろしを加えたものです。

著者紹介

信田さよ子（のぶた・さよこ）

1946年生まれ。臨床心理士。原宿カウンセリングセンター所長。お茶の水女子大学大学院修士課程修了。駒木野病院、嗜癖問題臨床研究所付属原宿相談室を経て1995年に原宿カウンセリングセンターを設立。アルコール依存症、摂食障害、ドメスティック・バイオレンス、子どもの虐待などに悩む本人やその家族へのカウンセリングを行っている。著書に『アダルト・チルドレンという物語』（文春文庫）、『DVと虐待』『カウンセラーは何を見ているか』（いずれも医学書院）、『家族収容所』（河出文庫）、『母が重くてたまらない』、『さよなら、お母さん』、『虐待という迷宮』〈共著〉（いずれも春秋社）、『加害者は変われるか？』（ちくま文庫）、『共依存』（朝日文庫）、『タフラブという快刀』（梧桐書院）、『父親再生』（NTT出版）、『増補 ザ・ママの研究』（イースト・プレス）、『依存症臨床論』（青土社）、『アディクション臨床入門』（金剛出版）、『逃げたい娘 諦めない母』（共著、幻冬舎）など。

家族のゆくえは金しだい

2016年7月20日　初版第1刷発行

著者©＝信田さよ子
発行者＝澤畑吉和
発行所＝株式会社　春秋社
〒101-0021　東京都千代田区外神田2-18-6
電話（03）3255-9611（営業）・（03）3255-9614（編集）
振替　00180-6-24861
http://www.shunjusha.co.jp/
印刷所＝萩原印刷　株式会社
装　丁＝小口翔平＋山之口正和（tobufune）

ISBN 978-4-393-36641-7　C0011
定価はカバー等に表示してあります